GRUNDLAGEN DEUTSCH

Der Weg zur sicheren Rechtschreibung

Herausgegeben von
Johannes Diekhans

Erarbeitet von
Johannes Diekhans und
Lukas Diekhans

westermann GRUPPE

© 2016 Bildungshaus Schulbuchverlage
Westermann Schroedel Diesterweg Schöningh Winklers GmbH, Braunschweig
www.westermann.de

Das Werk und seine Teile sind urheberrechtlich geschützt.
Jede Nutzung in anderen als den gesetzlich zugelassenen Fällen bedarf der
vorherigen schriftlichen Einwilligung des Verlages.
Für Verweise (Links) auf Internet-Adressen gilt folgender Haftungshinweis:
Trotz sorgfältiger inhaltlicher Kontrolle wird die Haftung für die Inhalte der
externen Seiten ausgeschlossen. Für den Inhalt dieser externen Seiten sind
ausschließlich deren Betreiber verantwortlich. Sollten Sie daher auf kostenpflichtige,
illegale oder anstößige Inhalte treffen, so bedauern wir dies ausdrücklich und bitten
Sie, uns umgehend per E-Mail davon in Kenntnis zu setzen, damit beim Nachdruck
der Verweis gelöscht wird.

Druck A^2 / Jahr 2019
Alle Drucke der Serie A sind im Unterricht parallel verwendbar.

Umschlaggestaltung: Nora Krull, Bielefeld
Druck und Bindung: Westermann Druck GmbH, Braunschweig

ISBN 978-3-14-**025142**-6

Inhaltsverzeichnis

Vorwort 6

Faustregeln zur Rechtschreibung 7

Deutlich sprechen 7
Das Wort trennen 9
Das Wort verlängern 9
Nach dem Stammwort fragen 10
Wörter einprägen 12
Im Wörterbuch nachschlagen 13
Die Rechtschreibhilfe eines Textverarbeitungsprogramms nutzen 17

Kurze Vokale – Schärfung 18

Konsonantenhäufung 19
Konsonantenverdopplung 20
Die Laute k und z 22
    Die Laute k und z nach l, m, n, r 23
Ausnahmeregelungen zur Schreibweise nach kurzen, betonten Vokalen 25
Kurze Vokale – Überblick 29

Lange Vokale und Doppellaute – Dehnung 30

Lange, betonte Vokale ohne Dehnungszeichen 31
Das Dehnungs-h 32
Vokalverdopplung 34
Die Wortbausteine Ur-/ur-, -tum, -sam, -bar, -sal 36
Der lang ausgesprochene i-Laut 37
    1. Mit ie geschrieben 37
    2. Mit einfachem i geschrieben 38
    3. Mit ih oder ieh geschrieben 39
Die Doppellaute ei und ai 40
Gleich oder ähnlich klingende Wörter mit unterschiedlicher Bedeutung 42
Lange Vokale und Doppellaute – Überblick 43
Der lang ausgesprochene i-Laut – Überblick 43

Der Umlaut ä und der Doppellaut äu 44

Der Umlaut ä 44
Der Doppellaut äu 46
Umlaute und Doppellaute – Überblick 48

s-Laute 49

Stimmhaft oder stimmlos? 49
Mit einfachem s geschrieben 49
Mit ß geschrieben 51
Mit ss geschrieben 51
Wechselnde Schreibweisen 52
Besonderheiten 54
   1. Die Endungen -is, -as, -us, -nis 54
   2. Konsonantenverbindungen st, sk, sp 55
   3. Merkwörter 55
Das oder dass 56
   Artikel und Pronomen 56
   Konjunktion 56
s-Laute im Überblick 59

Gleich oder ähnlich klingende Konsonanten 60

b – p 60
g – k 61
-ig, -lich oder -isch 62
d – t 63
End-/-end-, Ent-/ent- 65
Stadt/stadt – Statt/statt 67
tot – Tod/tod- 67
seid – seit 68
f – v – pf 69
x – cks – ks – gs – chs 72

Fremdwörter 74

th – ph – rh 74
ch am Anfang eines Wortes 75
g und j 76
c vor e; t vor j 76
Fremdwörter aus dem Englischen 77
Zwei Schreibweisen für Fremdwörter 79

Groß- und Kleinschreibung 80

Großschreibung am Anfang eines Ganzsatzes oder einer Überschrift 80
Großschreibung von Nomen/Substantiven 82
Besonderheiten zur Schreibweise von Nomen/Substantiven 84
Nominalisierung/Substantivierung – Wörter, die zu Nomen/Substantiven werden 86
   1. Nominalisierung/Substantivierung von Verben 86
   2. Nominalisierung/Substantivierung von Adjektiven und Partizipien 88
   3. Nominalisierung/Substantivierung weiterer Wortarten 90

  4. Besonderheiten von Nominalisierungen/Substantivierungen von Adjektiven,
    Partizipien und weiteren Wortarten 91
Anredepronomen 94
Mehrteilige Eigennamen 95
  Herkunfts- und Ortsbezeichnungen 95
  Weitere feste Verbindungen aus Adjektiven und Nomen/Substantiven 97
Zeitangaben 98
Mal und -mal 99
Großschreibung – Überblick 100
Kleinschreibung – Überblick 101
Groß- oder Kleinschreibung – Überblick 103

Getrennt- und Zusammenschreibung 104

Wortgruppe oder Zusammensetzung? 104
Zusammengesetzte Wörter 104
Verbindungen mit einem Verb als zweitem Bestandteil 106
  Untrennbare Verbindungen 106
  Trennbare Verbindungen 107
  Verbindungen aus einem Adjektiv und einem Verb 109
  Verbindungen aus einem Nomen/Substantiv und einem Verb 110
  Verbindungen aus zwei Verben 112
  Verbindungen mit dem Hilfsverb sein 114
Verbindungen mit einem Adjektiv oder Partizip als zweitem Bestandteil 114
  Verkürzte Wortgruppen 115
  Verbindungen mit Bestandteilen, die nicht allein vorkommen 115
  Verbindungen aus gleichrangigen Adjektiven 116
  Verbindungen mit bedeutungsverstärkenden Bestandteilen 116
  Partizipien aus zusammengesetzten Verben 116
  Weitere Regeln zur Verbindung mit einem Partizip 117
Zusammen oder getrennt? – Weitere Wortarten 118
  Verbindungen mit dem Bestandteil irgend- 118
  Adverbial gebrauchte Verbindungen 119
  Mehrteilige Präpositionen 119
  Verbindungen mit den Bestandteilen gar und überhaupt 1120
  Verbindungen mit den Partikeln so, wie, zu 120
  Die Partikel zu in Verbindung mit Verben 121
Getrennt- und Zusammenschreibung – Überblick 123

Der Bindestrich 128

Worttrennung am Zeilenende 131

Worttrennung am Zeilenende – Überblick 134

Text- und Bildquellen 135

Lösungen (Beilage)

Vorwort

Richtig und fehlerfrei zu schreiben ist eine Kunst, die nur sehr wenige Menschen beherrschen. Und dennoch wird diese Fähigkeit in vielen Bereichen des täglichen Lebens gewünscht und gefordert.

Rechtschreibfehler sagen nichts über den Menschen aus, der sie macht, aber sie sind dennoch in manchen Situationen ärgerlich. Ein gewisses Maß an Rechtschreibsicherheit ermöglicht es, die Gedanken beim Schreiben stärker auf die Inhalte zu lenken.

Dieser Band bietet einen Überblick zu den wichtigsten Bereichen und Regeln der deutschen Rechtschreibung, wie sie bereits im Jahre 2006 vom „Rat für deutsche Rechtschreibung" empfohlen und von der Kultusministerkonferenz beschlossen wurden.

Die zahlreichen kleinen Übungen dienen vor allem dazu, die einzelnen Regeln zu veranschaulichen. Dabei geht es um Wort-, Einzelsatz- und Textübungen. Die Lösungen dazu befinden sich im Anhang, sodass eine schnelle Kontrolle des Angewendeten und Gelernten ermöglicht wird. Für manche Übungen wird ein Heft benötigt.

Die meisten Kapitel dieses Bandes schließen mit einer Zusammenfassung der wichtigsten Regeln zu den einzelnen behandelten Bereichen. Auf diesem Wege wird dem Leser und der Leserin jeweils eine Kurzinformation ermöglicht.

Faustregeln zur Rechtschreibung

Wenn du dir nicht sicher bist, wie ein Wort geschrieben wird, kannst du dir mit einigen Tipps und Tricks helfen, die im Folgenden beschrieben werden.

Deutlich sprechen

> **REGEL**
> In vielen Fällen hilft es dir bei der Rechtschreibung, deutlich zu sprechen.

Lang oder kurz?

Ofen – offen	Dame – Damm	Kamm – er kam
Maße – Masse	Gase – Gasse	Wall – Wal
Ratten – sie raten	beten – Betten	Hase – ich hasse

Ü 1 Sprich die Wortpaare deutlich und markiere anschließend die kurzen, betonten Vokale (Selbstlaute) mit einem Punkt und die langen Vokale mit einem Strich darunter.

Ü 2 Bilde aus der folgenden Liste Wortpaare und trage sie in eine Tabelle ein. Markiere anschließend wie oben die betonten Vokale mit einem Punkt bzw. einem Strich darunter.

Ofen, Wolle, Qual, Speere, Qualle, offen, lahm, Lamm, Sperre, Wiese, wohl, Wissen

langer Vokal	kurzer Vokal
Ofen	offen
…	…

In den Polargebieten
Den D**au**erwinter der Polargebiete überstehen nur abgehärtete Tiere mit d**i**ckem F**e**ll und einer **ü**ppigen F**e**ttschicht. Deshalb leben hier oft die gr**ö**ßten ihrer Art: B**ä**ren, Pinguine, W**a**le und R**o**bben. Selbst kalter Schn**ee** kann für sie eine wärmende D**e**cke sein. Mit einer Art Schneeschuh t**a**psen sie durch die w**ei**ße Landschaft oder p**a**ddeln mit ihren mit Schwimmh**äu**ten ausgestatteten F**ü**ßen durchs eisige M**ee**r auf der Jagd nach Fischen. Einige k**o**mmen nur mithilfe ihrer starken Z**ä**hne wieder an Land oder auf die nächste Eisch**o**lle.

Ü 3 Sprich die Wörter mit den fett gedruckten Vokalen deutlich aus und versuche herauszuhören, ob der Vokal bzw. Umlaut (ä, ö, ü) oder Doppellaut kurz oder lang ausgesprochen wird. Wissen musst du, dass Doppellaute (au, äu, eu, ai, ei) immer lang ausgesprochen werden. Übertrage die Wörter anschließend in die Tabelle, die du zuvor angelegt hast, und kennzeichne die kurzen und langen Vokale mit einem Punkt bzw. einem Strich.

Ü 4 Auch hier kommt es darauf an, deutlich zu sprechen. Mach dir zunächst die unterschiedliche Bedeutung der Wörter klar und trage anschließend die fehlenden Buchstaben (i oder ü) ein. Arbeite in gleicher Weise auch bei den folgenden Übungen zu d oder t und g oder k.

i/ie oder ü?

die Kiste – die Küste　　die Züge – die Ziege　　die Tür – das Tier

spielen – sp___len　　fl___cken – pflücken　　k___ssen – das Kissen

pfl___gen – fliegen　　die B___hne – die Biene　　liegen – l___gen

d oder t?

das Dorf – der Torf　　das Dach – der ___ag　　die Seide – die Sei___e

leider – die Lei___er　　der Teich – der ___eich　　dir – das ___ier

g oder k?

die Gasse – die ___asse　　die Kränze – die ___renze　　der Garten – die ___arten

gern – der ___ern　　wir singen – sie sin___en　　die Krippe – die ___rippe

Ü 5 Welche Wörter, die du zuvor geübt hast, bilden die richtigen Antworten zu den folgenden Fragen? Schreibe die Wörter hinter die Fragen. Sprich sie dabei deutlich aus.

- Wie bezeichnet man eine kleine Ortschaft? _____
    Was wird in einem Moor gewonnen? _____
- Wo wachsen oft Gemüse und Blumen? _____
    Womit spielt man Skat oder Doppelkopf? _____
- Wie nennt man einen schmalen Durchgang? _____
    Worin bewahrt man Geld auf? _____
- Wodurch wird das Hinterland vor dem Meer geschützt? _____
    Was findet man manchmal in einem Garten? _____
- Woran erkranken viele Menschen in der kalten Jahreszeit? _____
    Wie nennt man einen Futterbehälter auch? _____
- Welcher wertvolle Stoff kommt ursprünglich aus China? _____
    Wie nennt man einen Teil des Buches? _____

Faustregeln zur Rechtschreibung 9

Das Wort trennen

> **REGEL**
> Manchmal kannst du die Schreibweise herausfinden, wenn du das Wort trennst. Du musst es dazu langsam aussprechen und die dabei entstehenden Sprechsilben heraushören.

Beispiel *ich schaf-fe – die Scha-fe*

Ü 6 Schreibe die folgenden Wortpaare mit den entsprechenden Trennungsstrichen auf. Sprich die Silben zuvor deutlich aus.

sie pfif-fen – sie pfei-fen
stellen – stehlen
die Kämme – er käme
lassen – sie lasen
die Masse – die Maße
die Mitte – die Miete
die Kelle – die Kehle

der Bagger – mager
die Teller – die Täler
wissen – die Wiesen
die Flüsse – die Füße
die Hütte – die Hüte
bitten – bieten
kennen – kentern

Das Wort verlängern

> **REGEL**
> Bei gleich oder ähnlich klingenden Lauten kannst du oft nicht heraushören, wie sie geschrieben werden. Hier kannst du dir manchmal helfen, indem du das Wort verlängerst oder andere verwandte Formen bildest. Dazu gibt es eine gute Merkregel:
>
> **Verlängere das Wort und du hörst es sofort!**

Beispiel *der Sta**b** – die Stä**b**e*
*sie blei**b**t – blei**b**en*

Ü 7 Im Folgenden findest du jeweils ein Nomen/Substantiv im Singular (Einzahl) und Plural (Mehrzahl) abgedruckt. An der Plural-Form kannst du ablesen, wie das Nomen/Substantiv im Singular geschrieben wird. Trage die fehlenden Buchstaben ein.

das Kal__ – die Kälber
die Ban__ – die Bänke
das Sie__ – die Siebe

der Gan__ – die Gänge
der Schran__ – die Schränke
der Aben__ – die Abende

Dutzen__ – Dutzende
das Ba__ – die Bäder
das Ra__ – die Räder

Faustregeln zur Rechtschreibung

Ü 8 Bei den folgenden Personalformen der Verben kannst du am Infinitiv (Grundform) erkennen, wie sie geschrieben werden. Trage auch hier die fehlenden Buchstaben ein.

er bleibt – bleiben   er pum**p**t – pumpen   er strei**k**t – streiken
es fär**b**t aus – ausfärben sie lo**b**t – loben   es pie**p**t – piepen
sie grä**b**t – graben   er lie**s**t – lesen   sie gie**ß**t – gießen

Ü 9 Adjektive musst du steigern, wenn du heraushören willst, wie sie am Wortende geschrieben werden. Trage die fehlenden Buchstaben ein.

kalt – kälter als   freundli**ch** – freundlicher als   hügeli**g** – hügeliger als
gro**b** – gröber als   ehrli**ch** – ehrlicher als   öli**g** – öliger als
wei**t** – weiter als   reichli**ch** – reichlicher als   anfälli**g** – anfälliger als

Ü 10 Verlängere die unvollständig abgedruckten Wörter des folgenden Textes bzw. suche nach Wortverwandten. Dann fällt es dir leicht, die fehlenden Buchstaben einzutragen.

Das Skelett

Wenn ein Baby stürzt, wir**d** es sich mit viel geringerer Wahrscheinlichkei**t** dabei Knochen brechen als ein Erwachsener. Dies lie**g**t zum Teil daran, dass ein Säuglin**g** leichter ist als ein Erwachsener. Entscheiden**d** ist aber, dass das Skelett eines Neugeborenen sich sehr von dem eines Erwachsenen unterscheidet. Das Neugeborene besitzt mehr als 300 Teile, die wir Knochen nennen, die aber noch sehr weni**g** feste Knochensubstanz enthalten. Sie bestehen hauptsächli**ch** aus dem weicheren und bie**g**samen Knorpel, der bei einem Sturz eher verbiegt als bricht. Während der Kin**d**heit wir**d** beinahe der gesamte Knorpel allmählich durch richti**g**e Knochen ersetzt. Eini**g**e der einzelnen Knochen, zum Beispiel die des Schädels, wachsen mit anderen zusammen, sodass die Zahl von Einzelknochen abnimmt.

Nach dem Stammwort fragen

> **REGEL**
> In manchen Fällen kommst du zu der richtigen Schreibung, wenn du ein verwandtes Wort suchst oder auf den Wortstamm zurückgreifst. Du musst dich also fragen, woher das Wort kommt.

Faustregeln zur Rechtschreibung

Beispiel *Bäcker kommt von backen, daher ä*
Kräuter kommt von Kraut, daher äu

Ü 11 Suche zu den folgenden Wörtern jeweils ein verwandtes Wort, welches dir die richtige Schreibweise deutlich macht, und schreibe die Wortpaare auf.

mächtig – die Macht   lächerlich – *lachen*   Wäsche – *waschen*
Ärmel – *Arm*   Täter – *tat*   klären – *klar*
Rätsel – *Rat*   verlängern – *verlangen*   älter – *alt*

häufig – *haufen*   Schläuche – *Schlauch*   säubern – *sauber*
Häuptling – *Haupt*   Mäuse – *Maus*   läuten – *laut*
Häuser – *Haus*   Bäume – *Baum*   Zäune – *Zaun*

Ü 12 Trage in den folgenden Text die fehlenden Buchstaben ein. Schreibe jeweils in die Klammern ein Wort, welches dir bei der Schreibweise hilft.

Nach Äsop
Die Frau und der Arzt

Eine ältere (*alt*) Frau hatte ein Augenleiden und deshalb ließ sie einen Arzt, der in der Nähe (*Nah*) wohnte, kommen. Die beiden vereinbarten im Fall der Heilung ein festes Honorar.

Der Arzt kam eine Zeit lang fast täglich (*tag*) und rieb der Frau die Augen ein, um sie, wie er sagte, zu säubern (*sauber*). Da die Frau dabei die Augen geschlossen halten musste, nutzte der Arzt die Zeit, um ihr jedes Mal einige Gegenstände (*Gegenstand*) aus der Wohnung zu stehlen. Als es ihr nach einiger Zeit nun tatsächlich (*tatsache*) besser ging, verlangte der Arzt das Honorar. Die Frau wollte jedoch nicht zahlen. Vor Gericht erklärte (*erklären*) sie: „Ich habe dem Arzt das Honorar versprochen, wenn er mich heilt. Meine Augen sind jedoch infolge der Behandlung viel schlechter geworden als zuvor. Vorher konnte ich wenigstens noch die Gegenstände (*Gegenstand*) in den wenigen Rahmen (*Rahm*) meines kleinen Häuschens (*Haus*) sehen. Jetzt aber kann ich vieles gar nicht mehr sehen!"

So kam es, dass der Arzt leer ausging.

Wörter einprägen

> **REGEL**
> Bei schwierig zu schreibenden Wörtern, z. B. bei Fremdwörtern, ist es oft notwendig, dass du dir das Wörterbild einprägst und dir auf diese Weise die Schreibweise merkst. Dazu kannst du dir das Wort Silbe für Silbe vorsprechen und auf diese Weise einprägen oder aber das Wörterbild zeichnen.

Ü 13 Lies die folgenden Sätze nacheinander durch. Schau dir die fett gedruckten Wörter genau an und sprich sie nach Silben getrennt. Decke nun den Satz ab und schreibe das Wort auswendig auf.

- In unserer Klasse herrscht eine gute **Atmosphäre**.
  Atmosphäre

- Meine Nachbarin Rosalie ist mir besonders **sympathisch**.
  sympathisch

- Marieke hat den **Rhythmus** im Blut und ist eine gute Tänzerin.
  Rhythmus

- In der letzten Klassenarbeit sollten wir eine **Charakterisierung** über einen Romanhelden schreiben.
  Charakterisierung

Ü 14 Welches der fett gedruckten Wörter aus Übung 13 passt jeweils zu welchem Wörterbild? Schreibe die Wörter daneben.

1. *Charakterisierung*
2. *Sympathisch*
3. *Atmosphäre*
4. *Rhythmus*

Im Wörterbuch nachschlagen

> **REGEL**
> Der wichtigste und sicherste Tipp ist der, im Wörterbuch nachzuschlagen, wenn du nicht weißt, wie ein Wort geschrieben wird.
> Hierfür ist es notwendig, dass du dich im Alphabet auskennst.

Ü 15 Welche beiden Buchstaben fehlen hier? Schreibe sie darunter.

A B C D E F G I J K L M O P Q R S T U V W X Y Z

Es fehlen: _H_ und _N_

Ü 16 Trage in die Lücken ein, welcher Buchstabe im Alphabet jeweils zwischen den beiden genannten Buchstaben steht.

D _E_ F   H _I_ J   K _L_ M   M _N_ O   V _W_ X

Ü 17 Welche beiden Buchstaben stehen im Alphabet jeweils hinter diesen Buchstaben?

C _D_ _E_   G _H_ _I_   L _M_ _N_   J _K_ _L_   S _T_ _U_

Ü 18 Ordne die folgenden Wörterlisten jeweils in alphabetischer Reihenfolge.

- Ball, Wasserball, Fußball, Handball, Tennisball
  (1, 5, 2, 3, 4)
- Deutsch, Religion, Physik, Englisch, Mathematik
  (1, 5, 4, 2, 3)
- Eiche, Buche, Kastanie, Tanne, Lärche
  (2, 1, 3, 5, 4)
- Computer, Laptop, Smartphone, Beamer, Drucker
  (2, 4, 5, 1, 3)

Ü 19 Fangen mehrere Wörter mit dem gleichen oder den gleichen Anfangsbuchstaben an, so ordnet man sie nach dem zweiten und dem dritten Buchstaben usw. Schreibe auch bei den folgenden Listen die richtige Reihenfolge auf.

Beispiel *Af*fe   *An*ker   *Ano*rak   *Ap*fel

- rot, grün, gelb, blau, schwarz, orange
  (5, 3, 2, 1, 6, 4)
- spielen, rennen, raufen, springen, gehen
  (5, 3, 2, 4, 1)
- Kiosk, Keule, Kindergarten, Klarheit
  (2, 1, 3, 4)
- Ton, Telefon, Taste, Topf, Torf, Tollwut
  (4, 2, 1, 5, 6, 3)

Faustregeln zur Rechtschreibung

> **REGEL**
> Die Wörter sind im Wörterbuch immer nur in einer bestimmten Form alphabetisch eingeordnet. Bei Verben musst du nach dem Infinitiv (Grundform) suchen, bei Nomen/Substantiven nach der Singular-Form (Einzahl) und bei Adjektiven nach dem Positiv (Grundstufe).

Beispiel
sie rief	suche bei: rufen	Brüder	suche bei: Bruder
er fiel	suche bei: fallen	schärfer	suche bei: scharf
Bäume	suche bei: Baum	am größten	suche bei: groß

Ü 20 Schreibe hinter die folgenden Wörter jeweils die Form, nach der du im Lexikon suchen musst.

Läuse – _Laus_   sie verreist – _reisen_   länger – _lang_
es läuft – _laufen_   Gärten – _Garten_   am ältesten – _alt_
Väter – _Vater_   er rät – _raten_   höher – _hoch_

Ü 21 Bei den folgenden Wörtern ist jeweils nur eine Schreibweise richtig. Schau im Wörterbuch nach und streiche die falschen Schreibweisen durch.

- uralt – ~~uhralt~~ – ~~urald~~
- ~~irgentwie~~ – irgendwie – ~~irgend wie~~
- Helikopter – ~~Helikopther~~ – ~~Hellikopter~~
- ~~Simbol~~ – Symbol – ~~Symmbol~~
- ~~numerieren~~ – ~~nummeriren~~ – nummerieren
- ~~googeln~~ – googlen – ~~gogeln~~
- Pädagogik – ~~Pedagogik~~ – ~~Pädagoghik~~

Ü 22 Einige Wörterbücher zeigen dir nicht nur die richtige Schreibweise eines Wortes, sondern sie enthalten noch weitere Informationen.
Schau dir die Auszüge aus zwei unterschiedlichen Wörterbüchern auf S. 15 an und beantworte anschließend die folgenden Fragen.

- Aus welcher Sprache stammt das Wort „Necessaire"?
Französisch

- Wie lautet eine alternative Schreibweise des Wortes „Necessaire"?
Nessesär

- Welches grammatische Geschlecht besitzt das Nomen/Substantiv „Negation" (m = maskulinum/männlich, f = femininum/weiblich, n = neutrum/sächlich)?
f = femininum/weiblich

- Welches grammatische Geschlecht besitzt das Nomen/Substantiv „Negativ"
  (m = maskulinum/männlich, f = femininum/weiblich, n = neutrum/sächlich)?

---

ne|bu|lös, ne|bu|lo̱s nebelhaft, unklar, verschwommen, z. B. nebulöse Vorstellungen, Ideen
Ne|ces|saire [nɛsɛsɛːr, frz.] *auch:* **Nes|ses|sär** *n. 9* Behältnis für Utensilien, z. B. Toilettengegenstände (Reisenecessaire) oder Nähzeug
Neck *m. 10* = Nöck
n-Eck *m. 1*
Ne|ckar *m. Gen.* -s Fluss in Süddtld.
ne|cken *tr. 1*
Ne|cke|rei *f. 10*
Ne|cking [engl.] *n. Gen.* -(s) *nur Sg.* Schmuserei
ne|ckisch
nee *ugs., bes. mittel-, norddt.:* nein
Neer *f. 10, nddt.:* Wasserstrudel, Wirbel
Neer|strom *m. 2*
Nef|fe *m. 11*
Ne|ga|ti|on [lat.] *f. 10* **1.** Verneinung; *Ggs.:* Position (5) **2.** Verneinungswort
ne|ga|tiv [auch: nɛ-] **1.** verneinend; *Ggs.:* positiv; negative Antwort **2.** ergebnislos; die Sache ist n. verlaufen **3.** pessimistisch **4.** *Math.:* kleiner als Null; negative Zahl **5.** *Elektr., in der Fügung* negative Ladung: den Elektronen eigene Ladung, im Unterschied zur positiven Ladung der Protonen; negativer Pol: Minuspol **6.** *Fot.:* in den Farben vertauscht **7.** *Med.:* vermutete Krankheitserreger o. Ä. nicht aufweisend; negativer Befund
Ne|ga|tiv [auch: nɛ-] *n. 1* fotograf. Bild nach dem Entwickeln mit vertauschten Farben; *Ggs.:* Positiv (3)

Kon|sul, der; -s, -n ⟨lat.⟩ (höchster Beamter der röm. Republik; *Diplomatie* Vertreter eines Staates zur Wahrnehmung seiner [wirtschaftl.] Interessen in einem anderen Staat); **Kon|su|lar|agent** (*Diplomatie* Bevollmächtigter eines Konsuls); **Kon|su|lar|agen|tin**
kon|su|la|risch; *aber* das Konsularische Korps (*Abk.* CC)
Kon|su|lar|recht
Kon|su|lar|ver|trag
Kon|su|lat, das; -[e]s, -e (Amt[sgebäude] eines Konsuls); **Kon|su|lats|ge|bäu|de**
Kon|su|lent, der; -en, -en (österr. u. schweiz. für Berater einer Firma od. Behörde); **Kon|su|len|tin**
Kon|su|lin
Kon|sul|tant, der; -en, -en (fachmänn. Berater); **Kon|sul|tan|tin**
Kon|sul|ta|ti|on, die; -, -en (Befragung, bes. eines Arztes; Beratung von Regierungen); **Kon|sul|ta|ti|ons|mög|lich|keit**
kon|sul|ta|tiv (beratend)
kon|sul|tie|ren ([einen Arzt] befragen; zurate ziehen)
¹Kon|sum, der; -s ⟨ital.⟩ (Verbrauch, Verzehr); **²Kon|sum** [schweiz. ...'zuːm], der; -s, -s (kurz für Konsumgenossenschaft)
Kon|sum|ar|ti|kel
Kon|su|ma|ti|on, die; -, -en ⟨franz.⟩ (österr. u. schweiz. für Verzehr)

Kon|sum|den|ken (auf ¹Konsum ausgerichtete Lebenshaltung)
Kon|su|ment, der; -en, -en ⟨lat.⟩ (Verbraucher; Käufer)
kon|su|men|ten|freund|lich
Kon|su|men|ten|in|for|ma|ti|on (österr., schweiz. für Verbraucherinformation)
Kon|su|men|ten|kre|dit (*Bankw.*)
Kon|su|men|ten|schutz, der; -es (österr., schweiz. für Verbraucherschutz); **Kon|su|men|ten|schüt|zer; Kon|su|men|ten|schüt|ze|rin**
Kon|su|men|tin
Kon|sum|for|schung
kon|sum|freu|dig
Kon|sum|ge|nos|sen|schaft (Verbrauchergenossenschaft; *Kurzw.* ²Konsum); **Kon|sum|ge|sell|schaft**
Kon|sum|gut *meist Plur.* (*Wirtsch.*)
Kon|sum|gü|ter|in|dus|t|rie
kon|su|mier|bar; kon|su|mie|ren (verbrauchen; verzehren); **Kon|su|mie|rung; Kon|su|mis|mus,** der; - (*svw.* Konsumdenken)

- Auf welcher Silbe liegt die Betonung in dem Wort „nebulös" (s. die Kennzeichnung des Vokals)?

- Wie lautet der Gegensatz zu dem Adjektiv „negativ"?

- Aus welcher Sprache stammt das Wort „Konsul"?

- Wie lautet der bestimmte Artikel zu dem Wort „Konsulat"?

  _____

- Welche zwei Bedeutungen hat das Wort „Konsum"?

  _____

- Wie trennt man das Wort „konsumentenfreundlich"?

  _____

- Wie lautet der Genitiv (2. Fall mit der Frage „wessen?") zu dem Wort „Konsul" (s. Buchstaben nach dem bestimmten Artikel)?

  _____

Ü 23 In dem folgenden Text haben sich einige Fehler eingeschlichen. Schlage die unterstrichenen Wörter im Wörterbuch nach und schreibe sie anschließend in der richtigen Schreibweise auf.

Vorreiter der Sprachwissenschaft – Jacob und Wilhelm Grimm
Die Brüder Jacob (1785–1863) und Wilhelm (1786–1859) hatten sich durch viele Schriften und Bücher einen Namen als <u>herrausragende</u> Sprachwissenschaftler gemacht. Zu ihrem <u>Rum</u> trug bei, dass sie als Erste die deutschen <u>Merchen</u>, Sagen und Legenden sammelten, aufschrieben und veröffentlichten. Daneben ergründeten sie als <u>Proffessoren</u> in Kassel und später in Göttingen den <u>Uhrsprung</u> der deutschen Sprache und der einzelnen Wörter. So arbeitete Jacob Grimm an der „Deutschen <u>Gramatik</u>". Das zweibändige Werk bezieht sich auf alle germanischen Sprachen, ihre Zusammenhänge und geschichtlichen Entwicklungen. Jacob betrieb hier wissenschaftliche Wortforschung, er untersuchte die Wortbildung und Lautentwicklung in verwandten Sprachen. Wilhelm erforschte die <u>Ruhnen</u> und Rechtstexte. Mit ihrer sprachwissenschaftlichen, vergleichenden <u>Metode</u> gelten beide als Mitbegründer der <u>Germanistick</u>, der germanischen Sprach- und Literaturwissenschaft, sowie der <u>Ethymologi</u>, der Forschung zum Bedeutungswandel in verschiedenen verwandten Sprachen.

_____   _____

_____   _____

_____   _____

_____   _____

Die Rechtschreibhilfe eines Textverarbeitungsprogramms nutzen

REGEL
Wenn du einen Text am Computer schreibst, unterstützt dich die Rechtschreibhilfe deines Textverarbeitungsprogramms bei der Rechtschreibung, indem es dir Rechtschreibfehler (insbesondere Tippfehler) und alternative Schreibweisen anzeigt. Da aber auch ein solches Programm nicht fehlerfrei ist, ist es wichtig, dass du verstehst, wie dieses arbeitet. Z. B. können die Programme oft nicht zwischen einem Verb oder Adjektiv und seiner Nominalisierung/Substantivierung unterscheiden (leben – das Leben, schön – das Schöne).

Ü 24 Schreibe am PC die folgenden Sätze mithilfe eines Textverarbeitungsprogramms und versuche, die richtige Schreibweise der Wörter in den Klammern zu ermitteln. Streiche jeweils die falsche Schreibweise durch. Bei welchen Sätzen hilft dir das Programm, bei welchen eher nicht?

- Für Marie und Ella ist es immer etwas ganz (Besonderes, besonderes), wenn sie bei ihren Großeltern Urlaub machen dürfen.
- Besonders gut gefällt ihnen, dass sie dort so viele (Süssigkeiten, Süßigkeiten) essen dürfen.
- Moritz ist ein echter Bücherwurm mit einem unglaublichen (Wissen, wissen).
- Er hat deshalb den Entschluss gefasst, sich an der (Universitet, Universität) einzuschreiben und Philosophie zu studieren.
- Klara liest ihrem jüngeren Bruder Jannes am (Abend, abend) immer eine Gutenachtgeschichte vor.
- Dabei wird sie oft selbst so müde, dass die (Beiden, beiden) gemeinsam einschlafen.
- Nach der Augenoperation kann Sahel endlich (wieder sehen, wiedersehen).
- Als sie von ihrer ganzen Familie aus dem Krankenhaus abgeholt wird, wird sie von jedem (Einzelnen, einzelnen) in den Arm genommen.

Kurze Vokale – Schärfung

REGEL
Nach einem kurzen, betonten Vokal folgt entweder ein doppelter Konsonant oder es folgen zwei oder mehr verschiedene Konsonanten.
Man spricht auch von **Konsonantenverdopplung** und **Konsonantenhäufung**.

Beispiel Ba*ll*, Ka*mm*er, ro*ll*en, be*ll*en (doppelter Konsonant nach kurzem, betontem Vokal)
Wa*ld*, Ki*nd*er, la*nd*en, blo*nd* (zwei verschiedene Konsonanten nach kurzem, betontem Vokal)

Ü 25 Zeichne eine Tabelle und ordne die folgenden Wörter entsprechend ein.

Balken	schleppen	Kunst	Hammer
Hals	Ratte	fallen	bremsen
kennen	lang	Tasse	Lampe
schlimm	Runde	Pumpe	Keller
sollen	verdoppeln	Ring	schlammig
Wasser	Rand	Wolle	dann

doppelter Konsonant nach kurzem, betontem Vokal (Konsonantenverdopplung)	zwei verschiedene Konsonanten nach kurzem betontem Vokal (Konsonantenhäufung)
schleppen	Balken
…	…

Ü 26 Unterstreiche im folgenden Text zehn Wörter, in denen ein kurzer, betonter Vokal vorkommt. Fünf Wörter sollen einen Doppelkonsonanten enthalten, fünf Wörter zwei verschiedene Konsonanten nach dem kurzen, betonten Vokal.

Alligator verursachte Verkehrsstau

Eineinhalb Stunden hat ein vier Meter langer Alligator den Verkehr auf einer Fernstraße im US-Bundesstaat North Carolina aufgehalten, nachdem er auf der Fahrbahn eingeschlafen war. Polizeibeamte versuchten, das Tier mit allen möglichen Mitteln aufzuwecken. Einer stellte seinen Streifenwagen dicht vor den Störenfried und schaltete Sirene und Blaulicht ein. Die Feuerwehr traf für den Fall ein, dass die Panzerechse mit einem kräftigen Wasserstrahl vertrieben werden sollte. Schließlich zog es der 450 Kilogramm schwere Alligator doch vor, von selbst wieder in den Sümpfen von Belville zu verschwinden.

Kurze Vokale – Schärfung **19**

Konsonantenhäufung

> **REGEL**
> Folgen auf einen kurzen, betonten Vokal zwei oder mehr verschiedene Konsonanten, wird meist keiner verdoppelt.

Beispiel Wa*ld*, fo*lg*en, ges*und*

Ü 27 Jedes der folgenden Wörter enthält zwei oder mehr verschiedene Konsonanten nach einem kurzen, betonten Vokal. Schreibe die Wörter ab und ordne sie dabei in alphabetischer Reihenfolge.

Winter, Lampe, hinten, Wolke, Welt, Mantel, Rinder, Wunder, Rand, Hund, Ort, Wald, hüpfen, hundert, gesund, finden, Elefant, bald, rund, Wand, Felsen, knüpfen, Kinder, dort, Tulpe, wandern, Milch, Zelt

Ü 28 Suche aus der Wörterliste sechs Reimpaare und schreibe sie auf.

Ü 29 Schreibe zu den folgenden Wörtern einige Wortverwandte auf. Wenn dir Ideen fehlen, schau in einem Wörterbuch nach.

finden: Erfindung, _____

Wald: _____

wandern: _____

Wolke: _____

rund: _____

gesund: _____

Ü 30 Setze in den folgenden Text die fehlenden Konsonanten ein.

Was ist ein Sternbild?

Das ist eine Gruppe von mehreren Sternen, die ein beso____eres Bi____ ergeben. Jedes Sternbi____ hat entweder einen Namen aus der Tierwe____ (Großer Bär), den Namen eines Gegensta____es (Das Dreieck) oder den Namen einer Person aus der Antike (Herkules). Einze____e Sterne, die beso____ers hell sind, haben Namen wie „Sirius", der hellste Stern am Wi____erhimmel, oder „Vega", die im Sommer zu sehen ist.

Konsonantenverdopplung

REGEL
Folgt nach einem kurzen, betonten Vokal nur ein Konsonant, so wird dieser fast immer verdoppelt.

Beispiel To*nn*e, A*ff*e, de*nn*, wa*nn*, br*umm*en

Ü 31 Schreibe zu folgenden Wörtern jeweils mindestens zwei Reimwörter auf.

Sonne, _____

brennen, _____

Kanne, _____

kippen, _____

Suppe, _____

Latte, _____

Knall, _____

Ü 32 Bilde aus dem Wortstern möglichst viele Wörter mit doppeltem Konsonant nach kurzem, betontem Vokal.

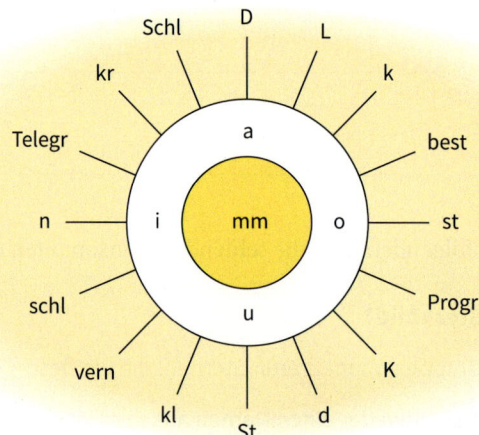

Ü 33 Bilde zu den aufgelisteten Infinitiven wie in dem Beispiel jeweils die 1. Person Singular, Präsens und die 3. Person Plural, Präteritum (Imperfekt). Der Doppelkonsonant bleibt in jedem Fall erhalten, auch wenn in der Form des Präteritums verschiedene Konsonanten auf den Vokal folgen.

Kurze Vokale – Schärfung

Infinitiv	1. Person Singular, Präsens	3. Person Plural, Präteritum
rennen	ich renne	sie rannten
wollen		
knallen		
stoppen		
können		
stellen		
brummen		

Ü 34 Suche jeweils zu einem Wort aus der linken Spalte ein passendes Wort aus der rechten Spalte und bilde ein zusammengesetztes Wort. Manchmal musst du die Wörter ein wenig verändern. Wenn bei der Zusammensetzung drei Konsonanten aufeinandertreffen, bleiben alle erhalten.

Beispiel *rennen + Pferd = Rennpferd*
Bett + Tuch = Betttuch (auch: Bett-Tuch)

Ball	Mauer
fahren	Socke
Mitte	Bahn
Sonne	Junge
Schiff	Woche
schwimmen	Schild
Schall	Schein
Fußball	Frosch
Wolle	Spiel
Knall	Fehler
stoppen	Fahrt
tippen	Brille

Ü 35 Trage in den folgenden Text die fehlenden Doppelkonsonanten ein.

Was sind Fossilien?

Fo____ilien sind Überreste von Tieren und Pflanzen, die vor sehr langer Zeit existierten. Die harten Bestandteile der Lebewesen wie Schalen, Knochen, Zähne, Schu____en, Panzer, Stängel, Stä____e oder Körner setzten sich auf dem Grund der Meere und Seen ab und wurden von Sand und Schla____ bedeckt. Nach vielen Mi____ionen Jahren lösten sich diese Überreste auf. Geblieben sind Steine, die Form und Aussehen dieser Überreste angeno____en haben. Die meisten Tiere und Pflanzen, die wir heute in Form von Fo____ilien finden, gibt es nicht mehr. Fo____ilien geben Aufschlu____ über frühere Lebensformen und helfen bei der Altersbesti____ung von Gesteinen und urzeitlichen Tieren.

Die Laute k und z

> **REGEL**
> In deutschen Wörtern werden die Laute k und z nicht verdoppelt. Nach einem kurzen, betonten Vokal schreibt man fast immer **ck** und **tz**.

Beispiel   E*ck*e, stre*ck*en, sti*ck*ig
           Ta*tz*e, Bli*tz*, zule*tz*t

Ü 36   Suche zu den folgenden Verben jeweils zwei Nomen/Substantive aus der jeweiligen Wortfamilie.

backen, putzen, schlucken, spucken, sitzen, kratzen, anspitzen, drucken, wecken, blitzen, decken, erhitzen, packen

Beispiel   backen – die Bäckerin, die Backstube

Ü 37   Schreibe zu jedem der folgenden Wörter, die ein ck oder tz enthalten, ein Reimwort auf.

Glück – _____

Katze – _____

packen – _____

lecken – _____

wetzen – _____

Ü 38   Im folgenden Text sind viele Wörter mit doppeltem Konsonanten oder mit ck enthalten. Trage die fehlenden Buchstaben ein.

Michael Ende
Der „Tausend-Wunder-Wald"

Der „Tausend-Wunder-Wald" war ein gewaltiger Dschungel aus farbigen Glasbäumen, Schlingpflanzen und sonderbaren Blumen. Und weil alles durchsichtig war, ko____te man eine Menge seltener Tiere sehen, die hier wohnten.

Es gab Schme____erlinge, so groß wie ein So____enschirm. Bunte Papageien turnten wie Akrobaten in den Zweigen. Zwischen den Blumen kra____elten große Schildkröten mit langen Schnu____bärten in ihren weisen Gesichtern, und auf den Blä____ern krochen rote und blaue Schne____en mit Häusern auf dem Rü____en, die viele Sto____werke ha____en und ganz ähnlich aussahen wie die Häuser in Ping mit ihren goldenen Dächern, nur natürlich in verkleinertem Maßstab. Manchmal zeigten sich zierliche gestreifte Eichhörnchen, die so große Ohren ha____en, dass sie tags damit in der Luft herumsegeln ko____ten, und nachts, we____ sie zu Be____ gingen, wi____elten sie sich hinein wie in eine warme De____e. Kupferglänzende Riesenschlangen ringelten sich um Baumstä____e. Sie waren aber ganz ungefährlich, weil sie nämlich an jedem Ende einen Kopf ha____en und dadurch beständig in Meinungsverschiedenheiten mit sich selbst gerieten, wohin sie kriechen wo____ten.

Die Laute k und z nach l, m, n, r

> **REGEL**
> Steht der k-Laut oder z-Laut nach den Buchstaben l, m, n oder r, wird kein ck oder tz geschrieben. Hier gilt die Regel:
> **Nach l, m, n, r, das merke ja,
> steht nie tz und nie ck!**

Beispiel *Holz, Tanz, Arzt
Volk, trinken, Marke*

Ü 39 Trage in den folgenden Wörtern entweder k oder z ein.

tan____en, blin____en, Her____, Ban____, Tan____, Plan____e, Win____el, win____en, Fal____e, kur____, wel____en, Schmer____, stol____, Schran____, Bal____en, Mär____, Wal____er, Par____, kür____en, Mar____t, mel____en, star____, schmin____en, wan____en, Wan____en, gan____, wür____en, kran____, Ker____e, zwan____ig, stür____en, Hol____, Stur____, Ar____t, den____en, tan____en, schen____en, Im____er

Kurze Vokale – Schärfung

Ü 40 Suche aus der Wörterliste fünf Reimpaare und schreibe sie auf. Bilde anschließend mit den Wörtern lustige Paarreime.

Beispiel   *Der Paul, der ist besonders stolz,*
             hat er doch Schlittschuhe aus Holz.

Ü 41 Schreibe zu den folgenden Wörtern Wortverwandte auf.

ganz: ergänzen, _____

Ärztin: _____

Sturz: _____

stark: _____

Tank: _____

Schrank: _____

Ü 42 Trage in den Text die fehlenden k- und z-Laute aus dem folgenden Kasten ein.

> k, k   ck, ck, ck
> z, z   tz

Verrü____te Viecher: Die Bola-Spinne

Unter den Spinnen gibt es solche und solche. Manche weben kunstvolle Ne____e und harren stundenlang aus, bis ein Beutetier darin kleben bleibt. Andere sind weniger fleißig und geduldig, sie den____en sich gerissene Tri____s aus, um die Nahrungssuche zu beschleunigen. Die Bola-Spinne etwa, eine Verwandte der Kreuzspinne, macht sich nicht die Mühe, ein gan____es Netz zu spinnen. Sie stellt lediglich einen kur____en Faden her, an dessen Ende eine klebrige Schleimkugel hängt.

In der Kugel ste____t ein Duftstoff, der für männliche Motten wie ein Mottenweibchen riecht, das sich gerne paaren möchte. Kein Wunder, dass die Männchen aufgeregt herbeiflattern. Sind sie nah genug dran, schwingt die Bola-Spinne ihren Faden wie ein Lasso. Wenn sie gut zielt, bleibt der liebestrun____ene Mottenmann daran kleben, und sie kann ihn in aller Ruhe einspinnen und verspeisen.

Ausnahmeregelungen zur Schreibweise nach kurzen, betonten Vokalen

In einigen Fremdwörtern werden die Laute **k** und **z** verdoppelt.

Beispiel Pizza, Razzia, Skizze, Akku, Akkusativ, akkurat, Mokka, Sakko, Makkaroni

Ü 43 Welche dieser Wörter passen zu den folgenden Umrissen? Schreibe sie daneben.

1. _____
2. _____
3. _____
4. _____

REGEL
In vielen Wörtern mit einem k-Laut, die einer fremden Sprache entstammen, steht nach einem kurzen Vokal ein einfaches **k**. Nicht immer ist dieser Vokal betont.

Beispiel Artikel, Doktor, Elektriker, Direktorin, Tabak, Takt, Insekt, Fabrik, Oktober, Sekt, Republik, Inspektor, Kritik, Kautschuk

Ü 44 Trage passende Wörter aus der Liste zuvor in die folgenden Sätze ein.

- Vor mir liegt ein Zeitungs_____ mit der Schlagzeile „Verteidigungsministerin tritt zurück".
- Die Leiterin eines Gymnasiums trägt den Titel _____.
- Wespen, Bienen und Fliegen gehören zu den _____.
- Der Monat _____ folgt dem September.
- Ein _____ verlegt in einem Neubau die Stromleitungen.
- Bis zur Wende nannte sich der Osten Deutschlands „Deutsche Demokratische _____".
- Ein anderes Wort für Arzt ist _____.

REGEL
Einige einsilbige Wörter enthalten trotz kurzen Vokals keinen doppelten Konsonanten. Dazu zählen ein paar Artikel, Pronomen, Präpositionen u. Ä. und einsilbige Wörter aus einer fremden Sprache.

Beispiel bis, um, man, an, ab, ob, er hat, ich bin, es, in, mit, hin, das, des, was, Pop, Jet, Klub, fit, Job, Bus, Hit, Slip, Chip, Top

Ü 45 Hier sind einige Buchstaben vertauscht. Stelle die Reihenfolge wieder her und schreibe die Wörter in der richtigen Form auf.

nam: _____   mu: _____   tim: _____   nih: _____

ads: _____   nib: _____   saw: _____   ni: _____

tha: _____   uBs: _____   tif: _____   piCh: _____

Kbul: _____   Hti: _____   pilS: _____   bJo: _____

REGEL
Auch einige mehrsilbige Wörter, die aus einer fremden Sprache stammen, enthalten trotz eines kurzen, betonten Vokals keinen doppelten Konsonanten.

Beispiel Hotel, Kamera, Roboter, April, Ananas, City, Kapitel, Limit

Ü 46 Schreibe das passende Wort zu den folgenden Umschreibungen auf.

- ein anderes Wort für Fotoapparat: _____
- ein Monatsname: _____
- eine Südfrucht: _____
- eine Bezeichnung für die Innenstadt: _____
- der Teil eines Buches: _____
- Ort für Übernachtungen: _____
- er wird z. B. in der Autoindustrie eingesetzt: _____
- eine andere Bezeichnung für Grenze: _____

REGEL
Einige Fremdwörter enthalten einen doppelten Konsonanten nach einem kurzen Vokal, der nicht betont ist.

27 Kurze Vokale – Schärfung

Beispiel *Gra**mm**atik, Effekt, Fritteuse, Batterie, Konkurrenz, Ballon, Apparat, Kassette, Karussell, Fassade, passieren, Lotterie, Porzellan, raffiniert, Allee, Ka**nn**ibale*

Ü 47 Im folgenden Wörterversteck findest du zahlreiche Wörter, für die diese Regel gilt. Schreibe sie heraus. Es sind waagerecht neun und senkrecht zehn.

K	H	G	F	E	D	C	B	A	K	F	A	S	S	A	D	E	S	Q	P	K
G	R	A	M	M	A	T	I	K	O	J	K	R	S	F	A	B	Y	R	O	A
A	B	D	C	A	C	F	G	H	N	O	R	N	M	R	D	C	M	L	N	S
B	K	E	A	L	L	E	E	O	K	D	A	J	C	I	E	F	M	O	M	S
O	A	F	H	G	L	M	N	K	U	I	F	H	F	T	Q	O	E	T	L	E
D	R	G	K	F	U	V	O	L	R	F	F	G	G	T	H	J	T	T	K	T
E	U	H	E	E	T	S	P	M	R	F	I	F	H	E	T	K	R	E	J	T
F	S	J	F	O	O	R	G	N	E	E	N	E	I	U	S	O	I	R	H	E
G	S	K	F	C	R	A	Z	O	N	R	I	D	J	S	R	L	S	I	G	A
H	E	L	E	W	X	Y	O	P	Z	E	E	C	K	E	Q	M	C	E	B	D
J	L	M	K	V	U	T	S	Q	R	N	R	B	L	R	O	N	H	A	C	B
K	L	N	T	O	P	O	Q	O	R	Z	T	A	N	M	P	P	R	S	T	A
L	O	K	A	N	N	I	B	A	L	E	S	T	U	V	W	X	Y	Z	V	L
N	N	P	Q	R	T	S	R	S	Q	V	W	K	O	R	R	E	K	T	W	L
B	I	L	L	I	O	N	A	B	C	D	E	F	G	H	I	K	L	M	Y	O
G	H	K	L	M	N	A	P	P	A	R	A	T	S	R	Q	P	O	N	X	N
F	P	Q	R	T	O	S	R	O	T	P	B	A	T	T	E	R	I	E	R	A
P	A	S	S	I	E	R	E	N	E	D	C	B	A	Z	Y	X	W	V	U	T

Waagerecht: Grammatik, Fassade, Allee, Kannibale, korrekt, Billion, Apparat, Batterie, passieren

Senkrecht: Konkurrenz, Differenz, raffiniert, Fritteuse, Lotterie, Kassette, Karussell, symmetrisch, Ballon, Effekt

Kurze Vokale – Schärfung

Ü 48 Trage in die folgenden Texte die fehlenden Konsonanten und Doppellaute ein. Schau dir dazu noch einmal die vorherigen Regelkästen an. Wenn du dir unsicher bist, kannst du auch mit einem Wörterbuch arbeiten.

A___anas

Die A___anas ko____t aus warmen, tropischen Lä___dern, aus Zentralamerika, Brasilien, Hawaii oder Indien. Die Schale dieser schma___haften Frucht ist rau und schu___ig. Das ge___be Fruchtfleisch ist sa___tig und schme___t sehr aromatisch.

Ansteckung

In der Natur gibt es viele wi___zige kleine Lebewesen, wie z. B. Ba___terien und Viren. Wenn diese in deinen Körper ko_____en, kö___en sie Kran___heiten auslösen. Das Gri___evirus verursacht die Kran___heit *Gri___e*. Die Kran___heitserreger kö___en über die Atmung, durch Berühren, durch Aufnahme mit der Nahrung, durch eine o___ene Wu___de oder durch den Austausch von Körperflü___igkeiten in den Körper gela___gen. Das nennt ma___ da___ Anste___ung oder auch Infe___tion.

Antenne

Fernseh- und Radiose___der wa___deln Bi___der und Töne in ele___tromagnetische We___en um. Sie strahlen diese von einer star___en Se___deante___e ab. Diese We___en breiten sich mit Lichtgeschwi___digkeit aus und kö___en fast a___es durchdri___gen. Tre___en sie auf eine Empfangsante___e, so entstehen dort ele___trische Signale. Fernseha___arat oder Radio wa___deln diese wieder in Bi___der und Töne um. We___en, die von sehr weit her ko_____en, werden in einer Art Hohlspiegel gebü___delt, der Sate___itenante___e.

Archite___t

Wer ein Haus bauen wi___, lä___t sich von einem Archite___ten oder einer Archite___tin die Pläne entwerfen und zeichnen. *Archite___t* ist ein griechisches Wort und bedeutet: *Baumeister* oder *Oberzi___erma___*. Nach seinen Zeichnu___gen bauen die Ha___dwer___er das Haus. I____er wieder mu___ der Archite___t die Bauste___e besuchen und überprüfen, ob a___e Arbeiten ordentlich ausgeführt werden und ob sie den Bauvorschriften entsprechen.

Arena

Die Arena ist der Ka___pfpla___ in einem Amphitheater, wie es die Römer bauten. Das ist ein großer ovaler Pla___, um den ru___dherum Si___reihen aufsteigen. Unten in der Arena ließ ma___ in der Antike Kriegsgefangene gegeneinander oder gegen hu___grige wilde Tiere um ihr Leben kä___pfen. Heute ne___t man auch große Sportka___pfbahnen in einem Stadion oder den Vorführpla___ im Zirkus Arena.

Warum tragen Astronauten Schutzanzüge?

Auf der Erde ist unser Körper von der schü___enden Atmosphäre umgeben. Sie ist ein Fi___ter gegen schädliche Teile des So___enlichts. Sie drü___t auch stets gewa___tig auf unseren Körper. Im Weltraum gibt es keine Atmosphäre. Der Astronaut würde im So___enlicht verstrahlt und verbra___t. Außerdem würde ihn der Dru___ seiner Körperze___en von i___en auseinandertreiben. Der Schu___anzug erse___t also die schü___ende Atmosphäre.

Kurze Vokale – Überblick

Folgen nach einem kurzen, betonten Vokal zwei verschiedene Konsonanten, wird (meist) keiner verdoppelt.	• W**a**ld, K**i**nd, b**a**ld, k**ü**ndigen, pl**a**ntschen
Folgt nach einem kurzen, betonten Vokal nur **ein** Konsonant, wird dieser fast immer verdoppelt.	• Kn**a**ll, h**e**ll, w**o**llen, f**a**llen
Die Laute k und z werden in deutschen Wörtern nicht verdoppelt. Nach kurzem, betontem Vokal steht fast immer ck und tz.	• M**ü**cke, **e**ckig, w**a**ckeln • M**ü**tze, W**i**tz, k**i**tzeln
Nach l, m, n, r, das merke ja, steht nie tz und nie ck!	• H**e**rz, g**a**nz, st**o**lz, st**ü**rzen • B**a**nk, kr**a**nk, w**i**nken • **I**mker

Lange Vokale und Doppellaute – Dehnung

REGEL
Lange, betonte Vokale können auf unterschiedliche Weise geschrieben werden. Sie können zum Beispiel mit einfachem Vokal, mit einem h als Dehnungszeichen nach dem langen, betonten Vokal oder mit einem doppelten Vokal geschrieben werden. Die langen, betonten Umlaute ä, ö und ü werden nicht verdoppelt. Die Doppellaute (Diphthonge) au, äu, eu, ei, ai gelten immer als lang.

Beispiel   *Gras, Sahne, Moos*

Ü 49   Unterstreiche in dem folgenden Text 15 Wörter mit einem langen, betonten Vokal oder Doppellaut.

Michael Ende
Lummerland

Das Land, in dem Lukas der Lokomotivführer lebte, hieß Lummerland und war nur sehr klein. Es war sogar ganz außerordentlich klein im Vergleich zu anderen Ländern, wie zum Beispiel Deutschland oder Afrika oder China. Es war ungefähr doppelt so groß wie unsere Wohnung und bestand zum größten Teil aus einem Berg mit zwei Gipfeln, einem hohen und einem, der etwas niedriger war.

Um den Berg herum schlängelten sich verschiedene Wege mit kleinen Brücken und Durchfahrten. Außerdem gab es noch ein kurvenreiches Eisenbahngleis. Es lief durch fünf Tunnel, die kreuz und quer durch den Berg und seine beiden Gipfel führten.

Häuser gab es natürlich auch in Lummerland, und zwar ein ganz gewöhnliches und ein anderes mit einem Kaufladen drin. Dazu kam noch eine kleine Bahnstation, die am Fuße des Berges lag. Dort wohnte Lukas der Lokomotivführer. Und oben auf dem Berg zwischen den beiden Gipfeln stand ein Schloss.

Man sieht also, das Land war ziemlich voll. Es passte nicht mehr viel hinein. Wichtig ist vielleicht noch, dass man sich sehr vorsehen musste, die Landesgrenzen nicht zu überschreiten, weil man dann sofort nasse Füße bekam. Das Land war nämlich eine Insel. Diese Insel lag mitten im weiten, endlosen Ozean und die großen und kleinen Wellen rauschten Tag und Nacht an den Landesgrenzen. Manchmal allerdings war das Meer auch still und glatt.

Lange, betonte Vokale ohne Dehnungszeichen

REGEL
Viele Wörter mit einem langen, betonten Vokal werden ohne Dehnungszeichen, also mit einfachem Vokal geschrieben. Das gilt vor allem für die Vokale a, e, o, u und die dazugehörenden Umlaute (ä, ö, ü).

Beispiel Name, Maler, sagen, schmal, Regen, lesen, losen, rot, Stufe, rufen, sägen, Flöte, Blüte

Ü 50 Schreibe aus dem Text zu Übung 49 zehn Wörter heraus, in denen der lange, betonte Vokal ohne Dehnungszeichen, also mit einfachem Buchstaben geschrieben wird.

Ü 51 Schreibe die folgende Wörterliste noch einmal ab und ordne sie dabei in alphabetischer Reihenfolge.

Graben, Qual, Plan, Kran, Blut, Flur, Plural, Träne, Blüte, Strom, rot, grün, quer, Krone, Blume, klären, klar, Flut, zwar, tot, Schwan, schmal, spülen, Schere, schwer, gut

Ü 52 Suche aus der Wörterliste vier Reimpaare und schreibe sie auf.

Ü 53 Suche zu folgenden Wörtern jeweils zwei weitere aus der Wortfamilie.

Los: Losbude, verlosen

Rat: _____

Pflege: _____

Blut: _____

sparen: _____

Blume: _____

Schule: _____

Ü 54 Trage in den folgenden Text die fehlenden Vokale, Umlaute und Doppellaute ein.

J___gdhund versucht sich als DJ

Ein J___gdhund hat sich in ___sterreich als DJ versucht und d___mit die F___erwehr auf den Pl___n gerufen. Das Tier hatte in der Nacht zum Mittwoch den Plattenspieler in der Wohnung seiner Besitzerin im ober___sterreichischen Marchtrenk in Gang gesetzt, best___tigte die Poliz___ einen Bericht des ORF-Radios. Als die Frau sp___ter aufwachte, h___rte sie nur ein Zischen und R___schen. Sie verm___tete, dass irgendwo G___s ausströmte. Die alarmierte F___erwehr l___ste das R___tsel rasch. Die N___del des Tonarms war am Ende der Platte angekommen. Die Stereoanlage verfügt laut F___erwehr ___ber pfotent___gliche Tasten. Der Hund hatte eine Platte des britischen Schl___gersängers Roger Whittaker gespielt.

Das Dehnungs-h

REGEL
Ein langer, betonter Vokal kann auch mit einem Dehnungs-h gekennzeichnet werden. Das Dehnungs-h wird oft (nicht immer!) geschrieben, wenn ein l, m, n, oder r folgt.

Beispiel Za*hl*, wä*hl*en, Befe*hl*, ne*hm*en, So*hn*, stö*hn*en, bo*hr*en, fü*hr*en

Ü 55 Schreibe aus dem Text auf S. 30 zehn Wörter heraus, in denen der lange, betonte Vokal mit einem Dehnungs-h geschrieben wird.

Ü 56 Übertrage die folgende Tabelle in dein Heft und schreibe die passenden Wörter aus der Liste in die Spalten.

Uhr, strahlen, nachahmen, Bohne, fahren, Bühne, Ruhm, kühl, Ohr, belohnen, Lehm, Mehl, Höhle, Währung, Einnahme, besohlen, verhöhnen, bohren

Dehnungs-h vor l	Dehnungs-h vor m	Dehnungs-h vor n	Dehnungs-h vor r
Kohlen	Rahmen	Eisenbahn	Uhr
...	...	...	...

Ü 57 Schreibe zu den folgenden Wörtern jeweils zwei weitere aus der Wortfamilie auf.

wählen: Wahl, gewählt

Zahl: _____

Zahn: _____

Gefühl: _____

Ruhm: _____

Höhle: _____

befehlen: _____

Das silbentrennende h

> **REGEL**
> Das silbentrennende h kann man vom Dehnungs-h unterscheiden. In der normalen Aussprache ist es zwar wie das Dehnungs-h nicht zu hören. Das Verb *sehen* wird zum Beispiel *se-en* ausgesprochen. Im Gegensatz zum Dehnungs-h kann man das silbentrennende h jedoch bei deutlichem Sprechen hören, zum Beispiel im Infinitiv einiger Verben.

Beispiel *we-hen, se-hen, dro-hen*

Ü 58 Schreibe zu den folgenden Verbformen jeweils den Infinitiv auf und trenne dabei wie in dem Beispiel die Silben.

er geht – ge-hen

er näht – _____

sie steht – _____

es glüht – _____

er verleiht – _____

er mäht – _____

es blüht – _____

es zieht – _____

Ü 59 Ergänze in der folgenden Tabelle die fehlenden Formen.

Infinitiv	1. Person Singular Präsens	1. Person Sg. Präteritum (Imperfekt)	1. Person Sg. Perfekt
drehen	ich drehe		ich habe gedreht
sehen		ich sah	
	ich nähe		
ruhen		ich ruhte	
fliehen			ich bin geflohen

Lange Vokale und Doppellaute – Dehnung

Infinitiv	1. Person Singular Präsens	1. Person Sg. Präteritum (Imperfekt)	1. Person Sg. Perfekt
	ich mähe		
		ich drohte	
	ich verzeihe	ich verzieh	
	ich leihe		ich habe geliehen

Ü 60 Trage in den folgenden Text die fehlenden Buchstaben ein. Es handelt sich immer um einen betonten, langen Vokal mit einem h als Längenzeichen.

Bedr____ung der Tierwelt

Viele Tierarten sind zun____mend vom Aussterben bedr____t. Dazu z____len zum Beispiel die Haie, Wale und Berggorillas. Sie werden rücksichtslos von Menschen gejagt und getötet, obw____l sie unter Naturschutz st____en.

Andere Arten sterben aus, weil die Menschen ihnen die N____rungsgrundlage n____men, indem sie deren Lebensraum zerstören. Die Tiere finden weder N____rung noch einen geeigneten Unterschlupf zur Aufzucht ihrer Brut. Hier muss schnell etwas gesch____en, damit die Artenvielfalt der Erde erhalten bleibt.

Vokalverdopplung

REGEL
In einigen Wörtern der deutschen Sprache wird der lange, betonte Vokal verdoppelt. Der Vokal u, Umlaute und Doppellaute (Diphthonge) werden jedoch immer nur einfach geschrieben.

Beispiel *Haar, Tee, Zoo*

Ü 61 Im Text auf S. 30 ist ein Wort mit einem doppelten Vokal enthalten. Suche es heraus und zeichne einen Kreis darum.

Lange Vokale und Doppellaute – Dehnung   35

Ü 62   In der folgenden Tabelle sind Reimwörter enthalten. Schreibe sie jeweils nebeneinander.

aa		ee		oo
Haar	Aas	Beet	Klee	Boot
Aal	paar (einige)	Seele	Schnee	Moor
Waage		leer	Speer	Moos
Paar (zwei)		Kaffee	Beere	Zoo
Saal		Teer	Meer	
Staat		Fee	Tee	
Saat		See		

Ü 63   Welche Begriffe werden hier gesucht? Schreibe sie auf. Die Wörter in der Tabelle zuvor helfen dir, die jeweilige Lösung zu finden.

- vierblättrig soll er Glück bringen: _____
- aus Kräutern hergestellt hilft er bei vielen Krankheiten: _____
- Getränk mit ff, aber darauf kommt es hier nicht an: _____
- geräuchert schmeckt er besonders gut: _____
- darin werden Feste gefeiert: _____
- Treffpunkt von Tieren und Menschen: _____
- ganz schön feucht und gefährlich: _____
- weicher Sitzplatz im Wald: _____

REGEL
Der Vokal **e** wird ebenfalls in einigen Fremdwörtern verdoppelt.

Beispiel   *Varietee, Armee*

Ü 64   Schreibe die folgenden Wörter, die aus einer fremden Sprache stammen, mithilfe des Wortsterns auf.

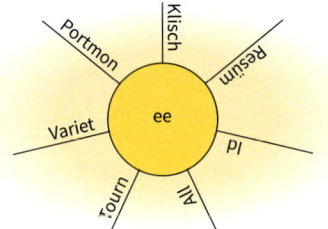

Die Wortbausteine Ur-/ur-, -tum, -sam, -bar, -sal

REGEL
Die Wortbausteine **Ur-/ur-**, **-tum**, **-sam**, **-bar**, **-sal** werden ohne Dehnungszeichen geschrieben.

Beispiel *Ur*wald, Reich*tum*, ein*sam*, dank*bar*, Schick*sal*

Ur-/ur-	-tum	-sam	-bar	-sal
Urmensch	Fürstentum	wachsam	sonderbar	Schicksal
Urwald	Herzogtum	furchtsam	furchtbar	Mühsal
uralt	Reichtum	einsam	essbar	Trübsal
urteilen	Wachstum	mühsam	dankbar	Labsal
beurlauben	Brauchtum	gewaltsam	brennbar	Rinnsal

Ü 65 Trage die Wörter zuvor in alphabetischer Reihenfolge in die folgende Tabelle ein.

Ur-/ur-	-tum	-sam	-bar	-sal

Ü 66 Welche Adjektive mit den Endungen -sam und -bar kannst du aus den folgenden Verben bilden?

streben: _____

zählen: _____

bezahlen: _____

sich abmühen: _____

empfinden: _____

fühlen: _____

wachen: _____

Der lang ausgesprochene i-Laut

1. Mit ie geschrieben

REGEL
Der lang ausgesprochene i-Laut wird häufig **ie** geschrieben.

Beispiel Liebe, Ziel, dienen, viel

Ü 67 Welche Wörter aus der Liste sind in dem Buchstabenquadrat senkrecht oder waagerecht versteckt? Schreibe sie auf, achte dabei auf die Groß- und Kleinschreibung.

Lied, fliegen, Diebe, viel, Diele, schießen, Biene, Knie, Giebel, Liebe, Melodie, riechen, Tier, biegen, Riemen, Wiederholung, Schiene, zieren, Hieb, Friede, gießen, verlieren, Fantasie (Phantasie), kriechen, Fieber, dienen, erziehen, Schiefer, Besenstiel, Zierde, Klavier, schmieren, ziemlich, frieren, liegen, vier, die

Senkrecht: _____
_____
_____
_____
_____

Waagerecht: _____
_____
_____
_____
_____

L	I	E	D	C	D	T	I	E	R	D
B	I	E	N	E	B	Z	L	F	A	I
D	U	V	Y	B	I	I	I	R	S	E
I	T	W	X	F	E	E	E	I	C	N
E	S	C	Z	E	G	M	G	E	H	E
B	R	B	A	G	E	L	E	R	I	N
O	N	M	L	K	N	I	N	E	E	H
V	I	E	L	H	D	C	E	N	N	I
F	R	I	E	D	E	H	O	F	E	E
P	Q	K	N	I	E	K	H	G	F	B
L	I	E	B	E	M	L	V	I	E	R

Ü 68 Schreibe Wörter aus der Liste nebeneinander auf, die sich reimen.

Ü 69 Bilde wie in dem Beispiel zu den folgenden Infinitiven jeweils die 3. Person Singular, Präteritum (Imperfekt). Die Verbform, die gebildet werden soll, enthält immer einen lang gesprochenen i-Laut, der ie geschrieben wird.

Beispiel rufen – sie rief

schlafen	heißen	treiben	fallen
laufen	blasen	stoßen	schweigen
vermeiden	preisen	steigen	schreiben

Ü 70
Schreibe zu den folgenden Nomen/Substantiven wie in dem Beispiel jeweils ein Wort mit der Endung -ieren auf.

Beispiel Diktat – diktieren

Gratulation	Kasse	Dirigent	Studium	Buchstabe
Diskussion	Frisur	Addition	Import	Regierung
Probe	Subtraktion	Radiergummi	Kontrolle	Rasur
Export	Telefon	Ruine	Spaziergang	Marsch

Ü 71
Trage in das folgende Gedicht die fehlenden Buchstaben ein.

Joseph Guggenmos
Wenn R_____sen n_____sen!

S_____ben R_____sen,

d_____mit bloßen Füßen

über nasse W_____sen l_____fen,

n_____sten mit ihren R_____sennasen so laut,

dass von d_____sem R_____senn_____sen

s_____ben W_____selkinder,

die im dunklen Zimmer schl_____fen,

aufwachten und „Gesundheit" r_____fen.

2. Mit einfachem i geschrieben

> **REGEL**
> In einigen Wörtern wird der lang ausgesprochene i-Laut mit einfachem **i** geschrieben. Häufig sind es Wörter aus anderen Sprachen.

Beispiel Klima, Apfelsine, Medizin

<u>Fibel</u>	Igel	Biber	<u>Lid</u>	Brise
<u>Sirup</u>	Juni	Juli	<u>Glasfiber</u>	Linie
Tiger	Familie	Kamin	Kaninchen	Musik
Lineal	<u>Stil</u>	Liter	Goldmine	<u>Tarif</u>
<u>Primel</u>	Prise	Klima	Krokodil	Vitamin
Krise	Ski	Termin	<u>Terpentin</u>	Bibel
Medizin	Benzin	Zitrone	Nische	wider (gegen)
Vampir	mir	dir	wir	stabil
Urin	Wisent	gib	er gibt	

Wörter auf -ine

Apfelsine	Marine	<u>Violine</u>	Gardine
Lawine	<u>Saline</u>	Ruine	Maschine
Rosine	Kantine	Margarine	Mandarine

Ü 72 Schlage die unterstrichenen Wörter im Lexikon nach und schreibe eine kurze Erklärung dazu auf.

Ü 73 Schreibe alle Tierbezeichnungen heraus.

Ü 74 Stelle mit den Wörtern auf S. 38 – 39 einen lustigen Einkaufszettel zusammen, auf dem du unterschiedliche Kaufwünsche vermerkst. Die einzelnen Artikel solltest du jeweils noch näher kennzeichnen.

> **Beispiel** *Einkaufszettel: zehn Apfelsinen, eine gut erhaltene Ruine, ein zahmes Krokodil …*

Ü 75 Trage in die folgenden Sätze die passenden Wörter aus der Liste von S. 38 – 39 ein.

- Die Snowboarder wären beinahe von einer _____ verschüttet worden.
- Sie sah aus, als habe sie in eine _____ gebissen.
- Streichst du mir beim nächsten Mal bitte etwas mehr _____ aufs Brot?
- Echsen leben in Regionen mit einem sehr heißen _____.
- Graf Dracula war ein _____.
- Ein altes Sprichwort lautet: „Wie du _____, so ich _____."

Ü 76 Wähle aus der Liste von S. 38 – 39 fünfzehn Wörter aus und bilde mit ihnen Zusammensetzungen.

> **Beispiel** *Apfelsine: Apfelsinenschale*

3. Mit ih oder ieh geschrieben

> **REGEL**
> Nur in wenigen Wörtern kennzeichnet man den lang gesprochenen i-Laut mit **ih** oder **ieh**.

> **Beispiel** *ihm, ihn, ihnen, ihr (Pronomen)*
> *Vieh, er befiehlt (befehlen), er flieht (flie-hen), es zieht (zie-hen)*

Ü 77 Bilde zu dem Verb *ziehen* alle Personalformen im Präsens.

ich ziehe   wir _____

du _____   ihr _____

er, sie, es _____   sie _____

Ü 78 Ersetze die unterstrichenen Nomen/Substantive durch ein Pronomen.

- Pauline liebt Paul. – Sie liebt _____.
- Janne schenkt Inga einen Gutschein fürs Kino. – Er schenkt _____ einen Gutschein fürs Kino.
- Robin leiht Laurens und Kai sein Auto. – Robin leiht _____ sein Auto.
- Senay verspricht Jonas ewige Treue. – Sie verspricht _____ ewige Treue.

Die Doppellaute ei und ai

REGEL
Nur wenige Wörter werden mit dem Doppellaut **ai** geschrieben.

Beispiel

Waisenkind	Laich	Hain	Brotlaib	Detail
Hai	Kai	Taifun	Laie	Anrainer
Kain	Taiwan	Mailand	Mai	Kairo
Main	Geigensaite	Kaiser	Mais	Thailand

Ü 79 Ordne den folgenden Erklärungen die passenden Wörter aus der Liste oben zu und schreibe sie auf. Schau gegebenenfalls vorher im Lexikon nach.

1. Bedeutsamer als der König: _____

2. Bruder von Abel (Bibel): _____

3. Kein Fachmann: _____

4. Tier- und „Menschenfutter": _____

5. Hafenmauer: _____

6. Frühlingsmonat: _____

7. Tropischer Wirbelsturm: _____

8. Fisch mit scharfen Zähnen: _____

9. Land in Südostasien: _____

10. Eine Einzelheit: _____

Lange Vokale und Doppellaute – Dehnung

REGEL
Die meisten Wörter werden mit **ei** geschrieben.

Beispiel   *keiner, leicht, Reim*

eins	heizen	Reise	leiten	Weide
Meise	zwei	meiden	Weizen	Reis
reiten	Heide	drei	reich	gleich
dein	leise	Seide	kein	leiden

Ü 80   Schreibe aus der Liste zuvor alle Wörter heraus, die sich reimen.

Ü 81   Trage in den folgenden Text die fehlenden Doppellaute ein. Es handelt sich entweder um ei oder um ai.

Im Hamburger Hafen

___ne Fahrt mit ___nem kl___nen Boot im Monat M___ durch den Hamburger Hafen ist sehr erlebnisr___ch. Die ganze Z___t über schaukelt das kl___ne Boot ziemlich. Aber seekrank ist k___ner geworden.

Vor allem die Besichtigung der großen Sp___cher ist be___ndruckend. Waren aus allen T___len der Welt lagern hier. S___de und R___s aus dem alten K___serr___ch China, M___s aus Argentinien, Gewürze aller Art aus Th___ land und noch viele andere Dinge. Sogar ___er werden angeblich hier gelagert.

Der Kapitän des kl___nen Bootes z___gt auch die Tankstellen der großen Frachtschiffe. W___ter geht die Fahrt vorb___ an ___nigen Segelschiffen, deren mächtige ___chen-masten über 15 Meter lang sind. An ___nem Schiff werden gerade die Segel ___ngeholt.

Nun fahren wir an ___nem Frachtschiff vorb___, welches gerade ___nen neuen Anstrich bekommt. Die Schiffsschraube ist so groß wie ein Kl___nwagen. Nach ___ner Stunde ist die Fahrt l___der beendet und das Boot legt wieder am Hafenk___ an.

Gleich oder ähnlich klingende Wörter mit unterschiedlicher Bedeutung

REGEL
Es gibt einige gleich oder ähnlich klingende Wörter mit langem, betontem Vokal. Hier ist es wichtig, die Bedeutung zu unterscheiden und sich die richtige Schreibweise zu merken.

Beispiel   Lerche (Vogel) – Lärche (Nadelbaum)

Wal – Wahl	Rede – Reede	Lid – Lied	Sole – Sohle
Wagen – Waagen (Mehrz.)	selig – seelisch	Stil – Stiel	Jagd – Jacht
malen – mahlen	Lerche – Lärche	Turbine – Biene	Saite – Seite
lehren – leeren	Fiber – Fieber	Uhr – uralt	Meer – mehr
Nachname – Nachnahme	Mine – Miene	Leib – Laib	Mal – Mahl
Bote – Boote (Mehrz.)	wider – wieder		

Ü 82   Schreibe eventuell mithilfe eines Lexikons eine kurze Erklärung zu den unterstrichenen Wörtern auf.

Beispiel   *Wal = großes, im Wasser lebendes Säugetier*

Ü 83   Trage in die folgenden Sätze jeweils ein passendes Wort aus der Liste oben ein. Es handelt sich nur um Wörter, die nicht unterstrichen sind.

- Vor einer _____ machen die Parteien durch große Plakate auf sich aufmerksam.
- Es gibt Menschen, die sich nur sehr vorsichtig auf eine _____ stellen, weil sie glauben, dann nicht so schwer zu sein.
- In bestimmten Monaten ist die _____ auf Tiere des Waldes verboten.
- Die _____ gehört zu den heimischen Singvögeln.
- Eine Flasche, die halb voll ist, ist gleichzeitig auch halb _____.
- Völlig erschöpft überbrachte der _____ die Nachricht vom Sieg des griechischen Heeres.
- Sie machte gute _____ zum bösen Spiel.
- Wenn man hohes _____ hat, sollte man sich ins Bett legen.
- Beinahe in jedem Jahr verbringen wir den Urlaub am _____.
- Ich habe von meinem Großvater eine wertvolle _____ geerbt, die man mit einer goldenen Kette an der Hose befestigen kann.

Lange Vokale und Doppellaute – Dehnung   43

- Du hast schon _____ deine Hausaufgaben vergessen.
- Viele Menschen, die sich gesund ernähren wollen, _____ ihr Korn selbst und backen dann daraus Brot.

Ü 84

Das Wort *wider* hat die Bedeutung *gegen/entgegen*. *Wieder* dagegen bedeutet so viel wie *zurück* oder *noch einmal*. Mach dir die Bedeutung der folgenden Wörter klar und trage i oder ie ein.

W___derstand, W___derholung, erw___dern (entgegnen), w___derkommen, w___derlich, W___derwort, w___derspiegeln, W___deraufbau, W___derbeginn

Lange Vokale und Doppellaute – Überblick

Viele Wörter mit einem langen, betonten Vokal werden ohne Dehnungszeichen, also mit einfachem Vokal geschrieben.	• **E**sel, L**o**s, R**o**se, T**a**t, l**e**sen, r**u**fen, s**o**
Ein langer, betonter Vokal kann auch mit einem Dehnungs-h gekennzeichnet werden. Das Dehnungs-h wird oft geschrieben, wenn ein l, m, n oder r folgt.	• S**oh**n, H**öh**le, n**eh**men, f**üh**ren, **oh**ne
In einigen Wörtern wird der lange, betonte Vokal verdoppelt. Der Vokal u, die Umlaute (ä, ö, ü) und Doppellaute (äu, eu, ei, ai) werden immer nur einfach geschrieben.	• W**aa**ge, S**aa**l, M**ee**r, Z**oo**, M**oo**r, Id**ee**, Resüm**ee**
Die Wortbausteine Ur-/ur-, -tum, -sam, -bar, -sal werden immer ohne Dehnungszeichen geschrieben.	• **Ur**wald, Reich**tum**, müh**sam**, ess**bar**, Schick**sal**

Der lang ausgesprochene i-Laut – Überblick

Der lang ausgesprochene i-Laut wird häufig ie geschrieben. Das gilt auch für die Verbindung mit -ieren.	• S**ie**b, L**ie**be, s**ie** r**ie**fen, z**ie**mlich, v**ie**l, g**ie**rig, dikt**ie**ren, kass**ie**ren
Vor allem in Wörtern aus anderen Sprachen wird der lang ausgesprochene i-Laut manchmal mit einfachem i geschrieben.	• Masch**i**ne, Pr**i**mel, Kr**i**se, Med**i**zin, Vamp**i**r, Apfels**i**ne
In wenigen Wörtern wird der lang ausgesprochene i-Laut ih oder ieh geschrieben.	• **ih**n, **ih**m, **ih**nen, **ih**re • V**ieh**, z**ieh**t (zie-hen), s**ieh**t (se-hen)

Der Umlaut ä und der Doppellaut äu

Der Umlaut ä

> **REGEL**
> Den Umlaut **ä** schreibt man in der Regel, wenn es Wortverwandte (Wortstamm, Grundwort) mit **a** gibt.

Beispiel *sie fällt – fallen*
der Stängel – die Stange

Ü 85 Schreibe zu den folgenden Wörtern wie in dem Beispiel zuvor Wortverwandte mit a auf.

ängstlich	die Wasserfälle	kälter	behände (flink)
Gestänge	überschwänglich	gefährlich	quälen
Rätsel	gefällig	erklären	Ärmel
ändern	wärmen	prächtig	kläglich
nämlich	spärlich	glätten	Täter

> **REGEL**
> Einige Wörter mit dem Umlaut **ä** lassen sich nur schwer oder gar nicht durch verwandte Wörter erklären. Man muss sie sich einprägen.

Beispiel *Bär, Präsident, Geländer, Ähre, sägen, grässlich, schräg, vorwärts, rückwärts, zunächst, ungefähr, vollständig, allmählich, später, Schädel, während*

Ü 86 Welche dieser Wörter passen zu welchen Umrissen? Schreibe sie jeweils daneben.

1. _____
2. _____
3. _____
4. _____
5. _____
6. _____

Der Umlaut ä und der Doppellaut äu   45

7. ▢▯ _____

8. ▯▭▭▭▯▭ _____

REGEL
In seltenen Fällen kann **mit ä oder mit e** geschrieben werden.

Beispiel   aufwendig/aufwändig (aufwenden/Aufwand), Schenke/Schänke (ausschenken/Ausschank)

Ü 87   Trage die fehlenden Buchstaben ein.

Wer w___hlt eigentlich den Bundespr___sidenten?

Der Bundespr___sident ist das Staatsoberhaupt der Bundesrepublik Deutschland. Er wird für die Dauer von fünf Jahren von der sogenannten Bundesversammlung gew___hlt. Er muss ___lter als 39 Jahre sein und darf nur einmal wiedergew___hlt werden. Somit erh___lt das deutsche Volk sp___testens alle zehn Jahre ein neues Staatsoberhaupt. Selbstverst___ndlich kann der Bundespr___sident auch eine Frau sein, wenngleich die Amtstr___ger in den ersten 65 Jahren des Bestehens der Bundesrepublik stets m___nnlich waren – ein Umstand, an dem sich in den n___chsten Jahrzehnten sicherlich etwas ___ndern wird.

In der Bundesversammlung sind alle Mitglieder des Bundestages vertreten. Diese nehmen gemeinsam genau die H___lfte der Pl___tze in der Versammlung ein. Die andere H___lfte besteht aus Bürgerinnen und Bürgern, die von den Landtagen in den sechzehn Bundesl___ndern gew___hlt werden. So ist es nicht unüblich, dass unter den Wahlm___nnern und Wahlfrauen immer wieder auch prominente Persönlichkeiten sind, z. B. berühmte Pops___nger, ehemalige Fußballstars oder ausgew___hlte Schauspieler.

Ü 88   Schreibe zu den unterstrichenen Wörtern aus dem Text oben Wortverwandte auf, die Aufschluss über die richtige Schreibweise geben.

älter – alt _____

_____

_____

Der Doppellaut äu

REGEL
Den Doppellaut (Diphthong) **äu** schreibt man, wenn es Wortverwandte mit **au** gibt.

Beispiel Häuser – Haus
ausräumen – Raum

Ü 89 Schreibe zu den folgenden Wörtern wie in dem Beispiel zuvor Wortverwandte auf.

träumen	Räuber	gläubig	Säugling	Mäuse
Häuptling	Geräusch	einbläuen	sich schnäuzen	Gebäude
Zäune	Säure	äußerlich	räuchern	Fäulnis
geräumig	Gehäuse	säubern	bäuerlich	Bäume
Bräuche	er läuft	Gräuel	sich häuten	Wiederkäuer

REGEL
Einige Wörter mit **äu** lassen sich nicht durch verwandte Wörter erklären. Man muss sie sich einprägen.

Beispiel Säule, Knäuel, (sich) sträuben, (sich) räuspern, täuschen, enttäuschen

Ü 90 Trage das richtige Wort in die Lücken ein.

- Die gesamte Klasse schaffte es, sich zu einem _____ zu verknoten.
- Während eines Kinofilms sollte man sich nur sehr leise _____, um die anderen Besucher nicht zu stören.
- Der Hund _____ sich hartnäckig, die Tierarztpraxis zu betreten.
- Du hast mich noch nie _____, wenn es darum ging, mir zu helfen.
- Der Mittelstürmer _____ ein Foul vor und erhielt dafür zu Recht eine Verwarnung.
- Zu einem griechischen Tempel gehören in der Regel zahlreiche _____.

REGEL
Alle anderen Wörter mit diesem Laut, zu denen es keine Wortverwandten mit **au** gibt, werden mit **eu** geschrieben.

Beispiel Feuer, leugnen, treu

Lösungen

Ü 1
Ofen – offen   Dame – Damm   Kamm – er kam
Maße – Masse   Gase – Gasse   Wall – Wal
Ratten – sie raten   beten – Betten   Hase – ich hasse

Ü 2+3

langer Vokal	kurzer Vokal
Ofen	offen
wohl	Wolle
Qual	Qualle
Speere	Sperre
lahm	Lamm
Wiese	Wissen
Dauerwinter	dickem
größten	Fell
Bären	üppigen
Wale	Fettschicht
Schnee	Robben
weiße	Decke
Schwimmhäuten	tapsen
Füßen	paddeln
Meer	kommen
Zähne	Eisscholle

Ü 4

die Kiste – die Küste   die Züge – die Ziege   die Tür – das Tier
spielen – spülen   flicken – pflücken   küssen – das Kissen
pflügen – fliegen   die Bühne – die Biene   liegen – lügen

das Dorf – der Torf   das Dach – der Tag   die Seide – die Seite
leider – die Leiter   der Teich – der Deich   dir – das Tier

die Gasse – die Kasse   die Kränze – die Grenze   der Garten – die Karten
gern – der Kern   wir singen – sie sinken   die Krippe – die Grippe

Ü 5   Dorf – Torf; Garten – Karten; Gasse – Kasse; Deich – Teich; Grippe – Krippe; Seide – Seite

Ü 6
sie pfif-fen – sie pfei-fen
stel-len – steh-len
die Käm-me – er kä-me
las-sen – sie la-sen
die Mas-se – die Ma-ße
die Mit-te – die Mie-te
die Kel-le – die Keh-le

der Bag-ger – ma-ger
die Tel-ler – die Tä-ler
wis-sen – die Wie-sen
die Flüs-se – die Fü-ße
die Hüt-te – die Hü-te
bit-ten – bie-ten
ken-nen – ken-tern

Ü 7
das Kalb – die Kälber
die Bank – die Bänke
das Sieb – die Siebe

der Gang – die Gänge
der Schrank – die Schränke
der Abend – die Abende

Dutzend – Dutzende
das Bad – die Bäder
das Rad – die Räder

Ü 8
er bleibt – bleiben
es färbt aus – ausfärben
sie gräbt – graben

er pumpt – pumpen
sie lobt – loben
er liest – lesen

er streikt – streiken
es piept – piepen
sie gießt – gießen

Ü 9
kalt – kälter als
grob – gröber als
weit – weiter als

freundlich – freundlicher als
ehrlich – ehrlicher als
reichlich – reichlicher als

hügelig – hügeliger als
ölig – öliger als
anfällig – anfälliger als

Ü 10 Das Skelett

Wenn ein Baby stürzt, wird es sich mit viel geringerer Wahrscheinlichkeit dabei Knochen brechen als ein Erwachsener. Dies liegt zum Teil daran, dass ein Säugling leichter ist als ein Erwachsener. Entscheidend ist aber, dass das Skelett eines Neugeborenen sich sehr von dem eines Erwachsenen unterscheidet. Das Neugeborene besitzt mehr als 300 Teile, die wir Knochen nennen, die aber noch sehr wenig feste Knochensubstanz enthalten. Sie bestehen hauptsächlich aus dem weicheren und biegsamen Knorpel, der bei einem Sturz eher verbiegt als bricht. Während der Kindheit wird beinahe der gesamte Knorpel allmählich durch richtige Knochen ersetzt. Einige der einzelnen Knochen, zum Beispiel die des Schädels, wachsen mit anderen zusammen, sodass die Zahl von Einzelknochen abnimmt.

Ü 11
mächtig – die Macht
Ärmel – der Arm
Rätsel – raten

lächerlich – lachen
Täter – die Tat
verlängern – lang

Wäsche – waschen
klären – klar
älter – alt

häufig – Haufen
Häuptling – das Haupt
Häuser – das Haus

Schläuche – der Schlauch
Mäuse – die Maus
Bäume – der Baum

säubern – sauber
läuten – der Laut
Zäune – der Zaun

Ü 12 Nach Äsop
Die Frau und der Arzt
Eine ältere (alt) Frau hatte ein Augenleiden und deshalb ließ sie einen Arzt, der in der Nähe (nahe) wohnte, kommen. Die beiden vereinbarten im Fall der Heilung ein festes Honorar.
Der Arzt kam eine Zeit lang fast täglich (Tag) und rieb der Frau die Augen ein, um sie, wie er sagte, zu säubern (sauber). Da die Frau dabei die Augen geschlossen halten musste, nutzte der Arzt die Zeit, um ihr jedes Mal einige Gegenstände (Gegenstand) aus der Wohnung zu stehlen. Als es ihr nach einiger Zeit nun tatsächlich (Tatsache) besser ging, verlangte der Arzt das Honorar. Die Frau wollte jedoch nicht zahlen. Vor Gericht erklärte (klar) sie: „Ich habe dem Arzt das Honorar versprochen, wenn er mich heilt. Meine Augen sind jedoch infolge der Behandlung viel schlechter geworden als zuvor. Vorher konnte ich wenigstens noch die Gegenstände (Gegenstand) in den wenigen Räumen (Raum) meines kleinen Häuschens (Haus) sehen. Jetzt aber kann ich vieles gar nicht mehr sehen!"
So kam es, dass der Arzt leer ausging.

Ü 14
1. Charakterisierung
2. sympathisch
3. Atmosphäre
4. Rhythmus

Ü 15 Es fehlen: H und N

Ü 16 DEF HIJ KLM MNO VWX

Ü 17 CDE GHI LMN JKL STU

Ü 18
- Ball, Fußball, Handball, Tennisball, Wasserball
- Deutsch, Englisch, Mathematik, Physik, Religion
- Buche, Eiche, Kastanie, Lärche, Tanne
- Beamer, Computer, Drucker, Laptop, Smartphone

Ü 19
- blau, gelb, grün, orange, rot, schwarz
- gehen, raufen, rennen, spielen, springen
- Keule, Kindergarten, Kiosk, Klarheit
- Taste, Telefon, Tollwut, Ton, Topf, Torf

Ü 20
Läuse – Laus	sie verreist – verreisen	länger – lang
es läuft – laufen	Gärten – Garten	am ältesten – alt
Väter – Vater	er rät – raten	höher – hoch

Ü 21
- uralt
- irgendwie
- Helikopter
- Symbol
- nummerieren
- googeln
- Pädagogik

Ü 22
- Aus welcher Sprache stammt das Wort „Necessaire"?
Antwort: Französisch (franz.)
- Wie lautet eine alternative Schreibweise des Wortes „Necessaire"?
Antwort: Nessessär
- Welches grammatische Geschlecht besitzt das Nomen/Substantiv „Negation" (m = maskulinum/männlich, f = femininum/weiblich, n = neutrum/sächlich)?
Antwort: femininum, die Negation
- Welches grammatische Geschlecht besitzt das Nomen/Substantiv „Negativ" (m = maskulinum/männlich, f = femininum/weiblich, n = neutrum/sächlich)?
Antwort: neutrum, das Negativ
- Auf welcher Silbe liegt die Betonung in dem Wort „nebulös" (s. die Kennzeichnung des Vokals)?
Antwort: auf der dritten Silbe
- Wie lautet der Gegensatz zu dem Adjektiv „negativ"?
Antwort: positiv
- Aus welcher Sprache stammt das Wort „Konsul"?
Antwort: Latein (lat.)
- Wie lautet der bestimmte Artikel zu dem Wort „Konsulat"?
Antwort: das
- Welche zwei Bedeutungen hat das Wort „Konsum"?
Antwort: 1. Gebrauch, Verzehr; 2. Abkürzung für Konsumgenossenschaft in der Schweiz
- Wie trennt man das Wort „konsumentenfreundlich"?
Antwort: kon-su-men-ten-freund-lich
- Wie lautet der Genitiv (2. Fall mit der Frage „wessen?") zu dem Wort „Konsul" (s. Buchstaben nach dem bestimmten Artikel)?
Antwort: des Konsuls

Ü 23

herausragende	Ruhm
Märchen	Professoren
Ursprung	Grammatik
Runen	Methode
Germanistik	Etymologie

Ü 24
- Für Marie und Ella ist es immer etwas ganz Besonderes, wenn sie bei ihren Großeltern Urlaub machen dürfen.
- Besonders gut gefällt ihnen, dass sie dort so viele Süßigkeiten essen dürfen.
- Moritz ist ein echter Bücherwurm mit einem unglaublichen Wissen.
- Er hat deshalb den Entschluss gefasst, sich an der Universität einzuschreiben und Philosophie zu studieren.
- Klara liest ihrem jüngeren Bruder Jannes am Abend immer eine Gutenachtgeschichte vor.
- Dabei wird sie oft selbst so müde, dass die beiden gemeinsam einschlafen.
- Nach der Augenoperation kann Sahel endlich wieder sehen.
- Als sie von ihrer ganzen Familie aus dem Krankenhaus abgeholt wird, wird sie von jedem Einzelnen in den Arm genommen.

Folgende Fehler erkennt ein Rechtschreibprogramm i.d.R. nicht: etwas ganz Besonderes/etwas ganz besonderes; das Wissen/das wissen; die Beiden/die beiden; wiedersehen/wieder sehen; jeder Einzelne/jeder einzelne.

Ü 25

doppelter Konsonant nach kurzem, betontem Vokal (Konsonantenverdopplung)	zwei verschiedene Konsonanten nach kurzem betontem Vokal (Konsonantenhäufung)
schleppen	Balken
Hammer	Kunst
Ratte	Hals
fallen	bremsen
kennen	lang
Tasse	Lampe
schlimm	Runde
Keller	Pumpe
sollen	Ring
verdoppeln	Rand
schlammig	
Wasser	
Wolle	
dann	

Ü 26 **Alligator verursachte Verkehrsstau**
Eineinhalb Stunden hat ein vier Meter langer Alligator den Verkehr auf einer Fernstraße im US-Bundesstaat North Carolina aufgehalten, nachdem er auf der Fahrbahn eingeschlafen war. Polizeibeamte versuchten, das Tier mit allen möglichen Mitteln aufzuwecken. Einer stellte seinen Streifenwagen dicht vor den Störenfried und schaltete Sirene und Blaulicht ein.

Die Feuerwehr traf für den Fall ein, dass die Panzerechse mit einem kräftigen Wasserstrahl vertrieben werden sollte. Schließlich zog es der 450 Kilogramm schwere Alligator doch vor, von selbst wieder in den Sümpfen von Belville zu verschwinden.

Ü 27 bald, dort, Elefant, Felsen, finden, gesund, hinten, Hund, hundert, hüpfen, Kinder, knüpfen, Lampe, Mantel, Milch, Ort, Rand, Rinder, rund, Tulpe, Wald, Wand, wandern, Welt, Winter, Wolke, Wunder, Zelt

Ü 28 Welt – Zelt
Rinder – Kinder
Rand – Wand – Elefant
Hund – gesund – rund
Ort – dort
Wald – bald
hüpfen – knüpfen

Ü 29 finden: Erfindung, Erfinder, erfinderisch ...
Wald: Waldarbeiter, bewaldet, waldreich, Waldbrand ...
wandern: Wanderschaft, Wanderung, Wanderer ...
Wolke: bewölkt, wolkig, Wölkchen, Wolkendecke ...
rund: Runde, abrunden, Rundlauf ...
Zelt: Zeltdach, zelten, Zeltverleih, Zeltstange ...
gesund: Gesundheit, gesunden, ungesund ...

Ü 30 **Was ist ein Sternbild?**
Das ist eine Gruppe von mehreren Sternen, die ein besonderes Bild ergeben. Jedes Sternbild hat entweder einen Namen aus der Tierwelt (Großer Bär), den Namen eines Gegenstandes (Das Dreieck) oder den Namen einer Person aus der Antike (Herkules). Einzelne Sterne, die besonders hell sind, haben Namen wie „Sirius", der hellste Stern am Winterhimmel, oder „Vega", die im Sommer zu sehen ist.

Ü 31 Sonne, Tonne, Wonne, Kolonne ...
brennen, kennen, rennen, nennen ...
Kanne, Pfanne, Tanne, Wanne ...
kippen, wippen, Lippen, nippen ...
Suppe, Kuppe, Puppe ...
Latte, Matte, Ratte, Watte ...
Knall, Stall, Fall, Ball ...

Ü 32 krumm, Schlamm, Damm, Lamm, komm, bestimm, stumm, Programm, Kamm, dumm, Stamm, klamm, vernimm, schlimm, nimm, Telegramm

Ü 33

Infinitiv	1. Person Singular, Präsens	3. Person Plural, Präteritum
rennen	ich renne	sie rannten
wollen	ich will	sie wollten
knallen	ich knalle	sie knallten
stoppen	ich stoppe	sie stoppten
können	ich kann	sie konnten
stellen	ich stelle	sie stellten
brummen	ich brumme	sie brummten

Ü 34 Balljunge, Fahrbahn, Mittwoch, Sonnenschein, Schifffahrt, Schwimmbrille, Schallmauer, Fußballspiel, Wollsocke, Knallfrosch, Stoppschild, Tippfehler

Ü 35 **Was sind Fossilien?**
Fossilien sind Überreste von Tieren und Pflanzen, die vor sehr langer Zeit existierten. Die harten Bestandteile der Lebewesen wie Schalen, Knochen, Zähne, Schuppen, Panzer, Stängel, Stämme oder Körner setzten sich auf dem Grund der Meere und Seen ab und wurden von Sand und Schlamm bedeckt. Nach vielen Millionen Jahren lösten sich diese Überreste auf. Geblieben sind Steine, die Form und Aussehen dieser Überreste angenommen haben. Die meisten Tiere und Pflanzen, die wir heute in Form von Fossilien finden, gibt es nicht mehr. Fossilien geben Aufschluss über frühere Lebensformen und helfen bei der Altersbestimmung von Gesteinen und urzeitlichen Tieren.

Ü 36 backen: Bäckerin, Backstube
putzen: Putzeimer, Putzmittel
schlucken: Schluckspecht, Schluckauf
spucken: Spucknapf, Spucke
sitzen: Sitzgelegenheit, Sitzung
kratzen: Kratzer, Kratzspuren
anspitzen: Anspitzer, Spitze
drucken: Druckwerkzeug, Druckerei
wecken: Wecker, Weckruf
blitzen: Blitz, Blitzableiter
decken: Decke, Deckblatt
erhitzen: Hitze, Hitzeschild
packen: Packesel, Packung

Ü 37 Glück – Stück; Katze – Tatze; packen – Macken; lecken – strecken; wetzen – hetzen

Ü 38 Michael Ende
Der „Tausend-Wunder-Wald"
Der „Tausend-Wunder-Wald" war ein gewaltiger Dschungel aus farbigen Glasbäumen, Schlingpflanzen und sonderbaren Blumen. Und weil alles durchsichtig war, konnte man eine Menge seltener Tiere sehen, die hier wohnten.
Es gab Schmetterlinge, so groß wie ein Sonnenschirm. Bunte Papageien turnten wie Akrobaten in den Zweigen. Zwischen den Blumen krabbelten große Schildkröten mit langen Schnurrbärten in ihren weisen Gesichtern, und auf den Blättern krochen rote und blaue Schnecken mit Häusern auf dem Rücken, die viele Stockwerke hatten und ganz ähnlich aussahen wie die Häuser in Ping mit ihren goldenen Dächern, nur natürlich in verkleinertem Maßstab. Manchmal zeigten sich zierliche gestreifte Eichhörnchen, die so große Ohren hatten, dass sie tags damit in der Luft herumsegeln konnten, und nachts, wenn sie zu Bett gingen, wickelten sie sich hinein wie in eine warme Decke. Kupferglänzende Riesenschlangen ringelten sich um Baumstämme. Sie waren aber ganz ungefährlich, weil sie nämlich an jedem Ende einen Kopf hatten und dadurch beständig in Meinungsverschiedenheiten mit sich selbst gerieten, wohin sie kriechen wollten.

Ü 39 tanken/tanzen, blinken, Herz, Bank, Tank/Tanz, Planke, Winkel, winken, Falke, kurz, welken, Schmerz, stolz, Schrank, Balken, März, Walzer, Park, kürzen, Markt, melken, stark, schminken, wanken, Wanzen, ganz, würzen, krank, Kerze, zwanzig, stürzen, Holz, Sturz, Arzt, denken, tanken/tanzen, schenken, Imker

Ü 40 stolz – Holz; Tank – krank; Wanzen – tanzen; denken – schenken; melken – welken

Der Paul, der ist besonders stolz,
hat er doch Schlittschuhe aus Holz.

Fehlt Benzin in seinem Tank,
macht das wohl den Fahrer krank.

Wenn nachts im Stall die Ochsen tanzen,
erheben sich sogar die Wanzen.

Willst du etwas Gutes schenken,
solltest du den Preis bedenken.

Woll'n wir nicht die Kühe melken,
bevor die Butterblumen welken?

Ü 41 ganz: ergänzen, ganzheitlich, ein Ganzes …
Ärztin: verarzten, ärztlich, Arztkoffer …
Sturz: stürzen, gestürzt, Sturzhelm …
stark: Stärkung, stärken, gestärkt …
Tank: Tankstelle, Tanklaster, tanken …
Schrank: beschränkt, Schrankwand, Schranktür …

Ü 42 **Verrückte Viecher: Die Bola-Spinne**
Unter den Spinnen gibt es solche und solche. Manche weben kunstvolle Netze und harren stundenlang aus, bis ein Beutetier darin kleben bleibt. Andere sind weniger fleißig und geduldig, sie denken sich gerissene Tricks aus, um die Nahrungssuche zu beschleunigen. Die Bola-Spinne etwa, eine Verwandte der Kreuzspinne, macht sich nicht die Mühe, ein ganzes Netz zu spinnen. Sie stellt lediglich einen kurzen Faden her, an dessen Ende eine klebrige Schleimkugel hängt.
In der Kugel steckt ein Duftstoff, der für männliche Motten wie ein Mottenweibchen riecht, das sich gerne paaren möchte. Kein Wunder, dass die Männchen aufgeregt herbeiflattern. Sind sie nah genug dran, schwingt die Bola-Spinne ihren Faden wie ein Lasso. Wenn sie gut zielt, bleibt der liebestrunkene Mottenmann daran kleben, und sie kann ihn in aller Ruhe einspinnen und verspeisen.

Ü 43 1. Skizze; 2. Akkusativ, 3. Pizza, 4. Mokka/Sakko

Ü 44
- Vor mir liegt ein Zeitungsartikel mit der Schlagzeile „Verteidigungsministerin tritt zurück".
- Die Leiterin eines Gymnasiums trägt den Titel Direktorin.
- Wespen, Bienen und Fliegen gehören zu den Insekten.
- Der Monat Oktober folgt dem September.
- Ein Elektriker verlegt in einem Neubau die Stromleitungen.
- Bis zur Wende nannte sich der Osten Deutschlands „Deutsche Demokratische Republik".
- Ein anderes Wort für Arzt ist Doktor.

Ü 45
man	um	mit	hin
das	bin	was	in
hat	Bus	fit	Chip
Klub	Hit	Slip	Job

Ü 46
- Kamera
- April
- Ananas
- City
- Kapitel
- Hotel
- Roboter
- Limit

Ü 47 **Waagerecht:** Fassade, Grammatik, Allee, Kannibale, korrekt, Billion, Apparat, Batterie, passieren
Senkrecht: Karussell, Effekt, Konkurrenz, Differenz, raffiniert, Fritteuse, symmetrisch, Lotterie, Kassette, Ballon

Ü 48 **Ananas**
Die Ananas kommt aus warmen, tropischen Ländern, aus Zentralamerika, Brasilien, Hawaii oder Indien. Die Schale dieser schmackhaften Frucht ist rau und schuppig. Das gelbe Fruchtfleisch ist saftig und schmeckt sehr aromatisch.

Ansteckung
In der Natur gibt es viele winzige kleine Lebewesen, wie z. B. Bakterien und Viren. Wenn diese in deinen Körper kommen, können sie Krankheiten auslösen. Das Grippevirus verursacht die Krankheit *Grippe*. Die Krankheitserreger können über die Atmung, durch Berühren, durch Aufnahme mit der Nahrung, durch eine offene Wunde oder durch den Austausch von Körperflüssigkeiten in den Körper gelangen. Das nennt man dann Ansteckung oder auch Infektion.

Antenne
Fernseh- und Radiosender wandeln Bilder und Töne in elektromagnetische Wellen um. Sie strahlen diese von einer starken Sendeantenne ab. Diese Wellen breiten sich mit Lichtgeschwindigkeit aus und können fast alles durchdringen. Treffen sie auf eine Empfangsantenne, so entstehen dort elektrische Signale. Fernsehapparat oder Radio wandeln diese wieder in Bilder und Töne um. Wellen, die von sehr weit her kommen, werden in einer Art Hohlspiegel gebündelt, der Satellitenantenne.

Architekt
Wer ein Haus bauen will, lässt sich von einem Architekten oder einer Architektin die Pläne entwerfen und zeichnen. *Architekt* ist ein griechisches Wort und bedeutet: *Baumeister* oder *Oberzimmermann*. Nach seinen Zeichnungen bauen die Handwerker das Haus. Immer wieder muss der Architekt die Baustelle besuchen und überprüfen, ob alle Arbeiten ordentlich ausgeführt werden und ob sie den Bauvorschriften entsprechen.

Arena
Die Arena ist der Kampfplatz in einem Amphitheater, wie es die Römer bauten. Das ist ein großer ovaler Platz, um den rundherum Sitzreihen aufsteigen. Unten in der Arena ließ man in der Antike Kriegsgefangene gegeneinander oder gegen hungrige wilde Tiere um ihr Leben kämpfen. Heute nennt man auch große Sportkampfbahnen in einem Stadion oder den Vorführplatz im Zirkus Arena.

Warum tragen Astronauten Schutzanzüge?
Auf der Erde ist unser Körper von der schützenden Atmosphäre umgeben. Sie ist ein Filter gegen schädliche Teile des Sonnenlichts. Sie drückt auch stets gewaltig auf unseren Körper. Im Weltraum gibt es keine Atmosphäre. Der Astronaut würde im Sonnenlicht verstrahlt und verbrannt. Außerdem würde ihn der Druck seiner Körperzellen von innen auseinandertreiben. Der Schutzanzug ersetzt also die schützende Atmosphäre.

Ü 49 Michael Ende
Lummerland
Das Land, in dem Lukas der Lokomotivführer lebte, hieß Lummerland und war nur sehr klein. Es war sogar ganz außerordentlich klein im Vergleich zu anderen Ländern, wie zum Beispiel Deutschland oder Afrika oder China. Es war ungefähr doppelt so groß wie unsere Wohnung und bestand zum größten Teil aus einem Berg mit zwei Gipfeln, einem hohen und einem, der etwas niedriger war.
Um den Berg herum schlängelten sich verschiedene Wege mit kleinen Brücken und Durchfahrten. Außerdem gab es noch ein kurvenreiches Eisenbahngleis. Es lief durch fünf Tunnel, die kreuz und quer durch den Berg und seine beiden Gipfel führten.
Häuser gab es natürlich auch in Lummerland, und zwar ein ganz gewöhnliches und ein anderes mit einem Kaufladen drin. Dazu kam noch eine kleine Bahnstation, die am Fuße des Berges lag. Dort wohnte Lukas der Lokomotivführer. Und oben auf dem Berg zwischen den beiden Gipfeln stand ein Schloss.
Man sieht also, das Land war ziemlich voll. Es passte nicht mehr viel hinein. Wichtig ist vielleicht noch, dass man sich sehr vorsehen musste, die Landesgrenzen nicht zu überschreiten, weil man dann sofort nasse Füße bekam. Das Land war nämlich eine Insel. Diese Insel lag mitten im weiten, endlosen Ozean und die großen und kleinen Wellen rauschten Tag und Nacht an den Landesgrenzen. Manchmal allerdings war das Meer auch still und glatt.

Ü 50 zum Beispiel: lebte, war, groß, Wege, gab, quer, kam, Füße, nämlich, Ozean

Ü 51 Blume, Blut, Blüte, Flur, Flut, Graben, grün, gut, klar, klären, Kran, Krone, Plan, Plural, Qual, quer, rot, Schere, schmal, Schwan, schwer, spülen, Strom, tot, Träne, zwar

Ü 52 Blut – gut   Kran – Plan   schwer – quer   tot – rot
Es sind weitere Reimpaare möglich.

Ü 53 Rat: raten, Ratgeber ...
Pflege: Pflegedienst, pflegen ...
Blut: Blutspende, blutig ...
sparen: Sparkasse, Ersparnis ...
Blume: Blumenkübel, blumig ...
Schule: Schulbrot, einschulen ...

Ü 54 **Jagdhund versucht sich als DJ**
Ein Jagdhund hat sich in Österreich als DJ versucht und damit die Feuerwehr auf den Plan gerufen. Das Tier hatte in der Nacht zum Mittwoch den Plattenspieler in der Wohnung seiner Besitzerin im oberösterreichischen Marchtrenk in Gang gesetzt, bestätigte die Polizei einen Bericht des ORF-Radios. Als die Frau später aufwachte, hörte sie nur ein Zischen und Rauschen. Sie vermutete, dass irgendwo Gas ausströmte. Die alarmierte Feuerwehr löste das Rätsel rasch. Die Nadel des Tonarms war am Ende der Platte angekommen. Die Stereoanlage verfügt laut Feuerwehr über pfotentaugliche Tasten. Der Hund hatte eine Platte des britischen Schlagersängers Roger Whittaker gespielt.

Ü 55 zum Beispiel: sehr, ungefähr, Wohnung, Durchfahrten, Eisenbahngleis, führten, gewöhnliches, wohnte, sieht, mehr ...

Ü 56

Dehnungs-h vor l	Dehnungs-h vor m	Dehnungs-h vor n	Dehnungs-h vor r
strahlen	nachahmen	Bohne	Uhr
kühl	Ruhm	Bühne	fahren
Mehl	Lehm	belohnen	Ohr
Höhle	Einnahme	verhöhnen	Währung
besohlen			bohren

Ü 57 wählen: Wahl, gewählt ...
Zahl: Zahlwort, zählen ...
Zahn: Zahnarzt, Zähne ...
Gefühl: fühlen, gefühlt ...
Ruhm: ruhmreich, sich rühmen ...
Höhle: Höhlenforscher, aushöhlen ...
befehlen: Befehlshaber, befohlen ...

Ü 58 er geht: ge-hen; er näht: nä-hen; sie steht: ste-hen; es glüht: glü-hen; er verleiht: verlei-hen; er mäht: mä-hen; es blüht: blü-hen; es zieht: zie-hen

Ü 59

Infinitiv	1. Person Sg. Präsens	1. Person Sg. Präteritum (Imperfekt)	1. Person Sg. Perfekt
drehen	ich drehe	ich drehte	ich habe gedreht
sehen	ich sehe	ich sah	ich habe gesehen
nähen	ich nähe	ich nähte	ich habe genäht
ruhen	ich ruhe	ich ruhte	ich habe geruht
fliehen	ich fliehe	ich floh	ich bin geflohen
mähen	ich mähe	ich mähte	ich habe gemäht
drohen	ich drohe	ich drohte	ich habe gedroht
verzeihen	ich verzeihe	ich verzieh	ich habe verziehen
leihen	ich leihe	ich lieh	ich habe geliehen

Ü 60 **Bedrohung der Tierwelt**
Viele Tierarten sind zunehmend vom Aussterben bedroht. Dazu zählen zum Beispiel die Haie, Wale und Berggorillas. Sie werden rücksichtslos von Menschen gejagt und getötet, obwohl sie unter Naturschutz stehen.
Andere Arten sterben aus, weil die Menschen ihnen die Nahrungsgrundlage nehmen, indem sie deren Lebensraum zerstören. Die Tiere finden weder Nahrung noch einen geeigneten Unterschlupf zur Aufzucht ihrer Brut. Hier muss schnell etwas geschehen, damit die Artenvielfalt der Erde erhalten bleibt.

Ü 61 Es handelt sich um das Wort „Meer".

Ü 62 **aa:** Haar – Paar (zwei); Aal – Saal; Staat – Saat;
ee: leer – Teer – Speer – Meer; Fee – See – Schnee – Klee – Tee

Ü 63 Klee, Tee, Kaffee, Aal, Saal, Zoo, Moor, Moos

Ü 64 Portmonee, Klischee, Resümee, Idee, Allee, Tournee, Varietee

Ü 65

Ur-/ur-	-tum	-sam	-bar	-sal
beurlauben	Brauchtum	einsam	brennbar	Labsal
uralt	Fürstentum	furchtsam	dankbar	Mühsal
Urmensch	Herzogtum	gewaltsam	essbar	Rinnsal
urteilen	Reichtum	mühsam	furchtbar	Schicksal
Urwald	Wachstum	wachsam	sonderbar	Trübsal

Ü 66 streben: strebsam
zählen: zählbar
bezahlen: bezahlbar
sich abmühen: mühsam
empfinden: empfindsam
fühlen: fühlbar
wachen: wachsam

Ü 67 **Senkrecht:** Dieb, die, biegen, ziemlich, liegen, frieren, Schiene, dienen, Hieb
Waagerecht: Lied, Tier, Biene, viel, Friede, Knie, Liebe, vier

Ü 68 Diebe – Liebe; schießen – gießen; riechen – kriechen; zieren – frieren; biegen – liegen; Tier – vier

Ü 69

Infinitiv	3. Person Sg., Präteritum (Imperfekt)
schlafen	er, sie, es schlief
heißen	er hieß
treiben	er trieb
fallen	er fiel
laufen	er lief
blasen	er blies
stoßen	er stieß
schweigen	er schwieg
vermeiden	er vermied
preisen	er pries
steigen	er stieg
schrieben	er schrieb

Ü 70 Gratulation – gratulieren
Diskussion – diskutieren
Probe – probieren
Export – exportieren

Kasse – kassieren
Frisur – frisieren
Subtraktion – subtrahieren
Telefon – telefonieren

Dirigent – dirigieren
Addition – addieren
Radiergummi – radieren
Ruine – ruinieren

Studium – studieren
Import – importieren
Kontrolle – kontrollieren
Spaziergang – spazieren (gehen)

14

Buchstabe – buchstabieren
Regierung – regieren
Rasur – rasieren
Marsch – marschieren

Ü 71 Joseph Guggenmos
Wenn Riesen niesen!
Sieben Riesen,
die mit bloßen Füßen
über nasse Wiesen liefen,
niesten mit ihren Riesennasen so laut,
dass von diesem Riesenniesen
sieben Wieselkinder,
die im dunklen Zimmer schliefen,
aufwachten und „Gesundheit" riefen.

Ü 72 Fibel: Buch oder Spange
Sirup: dickflüssiger Saft
Primel: Frühlingsblume
Stil: Art, Darstellungsweise
Lid: Augendeckel
Glasfiber: Glasfaser, Material für Kabel zur Datenübertragung
Terpentin: harziger Ausfluss verschiedener Baumarten
Tarif: Gebührenordnung, Preis- oder Lohntafel
Saline: Anlage zur Salzgewinnung
Violine: Geige

Ü 73 Tiger, Igel, Wisent, Biber, Kaninchen, Krokodil

Ü 74 Einkaufszettel: zehn Apfelsinen, eine gut erhaltene Ruine, ein zahmes Krokodil, eine unberührte Goldmine, zehn süße Zitronen, gut schmeckende Medizin und einen Haustiger

Ü 75 Die Snowboarder wären beinahe von einer Lawine verschüttet worden.
Sie sah aus, als habe sie in eine Zitrone gebissen.
Streichst du mir beim nächsten Mal bitte etwas mehr Margarine aufs Brot?
Echsen leben in Regionen mit einem sehr heißen Klima.
Graf Dracula war ein Vampir.
Wie du mir, so ich dir.

Ü 76 Augenlid, Glasfiberstab, Igelfamilie, Tigerfell, Vampirzahn, Krokodilsträne, Kaminfeuer, Skipiste, Staatskrise, Benzinhahn, Tarifvertrag, Vitaminspritze, Holzlineal, Familienmitglied, Zitronensaft ...

Ü 77 ich ziehe
du ziehst
er, sie, es zieht
wir ziehen
ihr zieht
sie ziehen

Ü 78
- Pauline liebt Paul. – Sie liebt ihn
- Janne schenkt Inga einen Gutschein fürs Kino. – Er schenkt ihr einen Gutschein fürs Kino.
- Robin leiht Laurens und Kai sein Auto. – Robin leiht ihnen sein Auto.
- Senay verspricht Jonas ewige Treue. – Sie verspricht ihm ewige Treue.

Ü 79
1. Bedeutsamer als der König: Kaiser
2. Bruder von Abel (Bibel): Kain
3. Kein Fachmann: Laie
4. Tier- und „Menschenfutter": Mais
5. Hafenmauer: Kai
6. Frühlingsmonat: Mai
7. Tropischer Wirbelsturm: Taifun
8. Fisch mit scharfen Zähnen: Hai
9. Land in Südostasien: Thailand
10. Eine Einzelheit: Detail

Ü 80 zwei – drei; kein – dein; Meise – leise; Heide – Weide – Seide; reiten – leiten; Weizen – heizen; gleich – reich; meiden – leiden

Ü 81 **Im Hamburger Hafen**
Eine Fahrt mit einem kleinen Boot im Monat Mai durch den Hamburger Hafen ist sehr erlebnisreich. Die ganze Zeit über schaukelt das kleine Boot ziemlich. Aber seekrank ist keiner geworden.
Vor allem die Besichtigung der großen Speicher ist beeindruckend. Waren aus allen Teilen der Welt lagern hier. Seide und Reis aus dem alten Kaiserreich China, Mais aus Argentinien, Gewürze aller Art aus Thailand und noch viele andere Dinge. Sogar Eier werden angeblich hier gelagert.
Der Kapitän des kleinen Bootes zeigt auch die Tankstellen der großen Frachtschiffe. Weiter geht die Fahrt vorbei an einigen Segelschiffen, deren mächtige Eichenmasten über 15 Meter lang sind. An einem Schiff werden gerade die Segel eingeholt.

Nun fahren wir an einem Frachtschiff vorbei, welches gerade einen neuen Anstrich bekommt. Die Schiffsschraube ist so groß wie ein Kleinwagen. Nach einer Stunde ist die Fahrt leider beendet und das Boot legt wieder am Hafenkai an.

Ü 82
Wal: großes, im Wasser lebendes Säugetier
malen: ein Bild herstellen
Nachnahme: Versand- bzw. Zahlungsart, bei der die Ware direkt bei der Übergabe bezahlt wird
Reede: Ankerplatz vor dem Hafen
Lärche: Nadelbaum
Fiber: Muskel- oder Pflanzenfaser
Mine: unterirdischer Gang; Inneres des Kugelschreibers
wider: gegen
Lid: Augendeckel
Stil: Art, Darstellungsweise
Laib: ein Laib Brot oder Käse
Sole: kochsalzhaltiges Wasser
Jacht: wertvolles Schiff
Saite: Bespannung von Musikinstrumenten
Mahl: Essen, Mahlzeit, Festessen

Ü 83
- Vor einer Wahl machen die Parteien durch große Plakate auf sich aufmerksam.
- Es gibt Menschen, die sich nur sehr vorsichtig auf eine Waage stellen, weil sie glauben, dann nicht so schwer zu sein.
- In bestimmten Monaten ist die Jagd auf Tiere des Waldes verboten.
- Die Lerche gehört zu den heimischen Singvögeln.
- Eine Flasche, die halb voll ist, ist gleichzeitig auch halb leer.
- Völlig erschöpft überbrachte der Bote die Nachricht vom Sieg des griechischen Heeres.
- Sie machte gute Miene zum bösen Spiel.
- Wenn man hohes Fieber hat, sollte man sich ins Bett legen.
- Beinahe in jedem Jahr verbringen wir den Urlaub am Meer.
- Ich habe von meinem Großvater eine wertvolle Uhr geerbt, die man mit einer goldenen Kette an der Hose befestigen kann.
- Du hast schon wieder deine Hausaufgaben vergessen.
- Viele Menschen, die sich gesund ernähren wollen, mahlen ihr Korn selbst und backen dann daraus Brot.

Ü 84
Widerstand, Wiederholung, erwidern (entgegnen), wiederkommen, widerlich, Widerwort, widerspiegeln, Wiederaufbau, Wiederbeginn

Ü 85 ängstlich – Angst
Gestänge – Stange
Rätsel – raten
ändern – anders
nämlich – Name

die Wasserfälle – fallen
überschwänglich – Überschwang
gefällig – gefallen
wärmen – warm
spärlich – sparen

kälter – kalt
gefährlich – Gefahr
erklären – klar
prächtig – Pracht
glätten – glatt

behände – Hand
quälen – Qual
Ärmel – Arm
kläglich – klagen
Täter – Tat

Ü 86 1. Geländer; 2. vorwärts; 3. Schädel; 4. ungefähr; 5. später; 6. sägen; 7. Bär; 8. grässlich

Ü 87 **Wer wählt eigentlich den Bundespräsidenten?**
Der Bundespräsident ist das Staatsoberhaupt der Bundesrepublik Deutschland. Er wird für die Dauer von fünf Jahren von der sogenannten Bundesversammlung gewählt. Er muss älter als 39 Jahre sein und darf nur einmal wiedergewählt werden. Somit erhält das deutsche Volk spätestens alle zehn Jahre ein neues Staatsoberhaupt. Selbstverständlich kann der Bundespräsident auch eine Frau sein, wenngleich die Amtsträger in den ersten 65 Jahren des Bestehens der Bundesrepublik stets männlich waren – ein Umstand, an dem sich in den nächsten Jahrzehnten sicherlich etwas ändern wird.
In der Bundesversammlung sind alle Mitglieder des Bundestages vertreten. Diese nehmen gemeinsam genau die Hälfte der Plätze in der Versammlung ein. Die andere Hälfte besteht aus Bürgerinnen und Bürgern, die von den Landtagen in den sechzehn Bundesländern gewählt werden. So ist es nicht unüblich, dass unter den Wahlmännern und Wahlfrauen immer wieder auch prominente Persönlichkeiten sind, z. B. berühmte Popsänger, ehemalige Fußballstars oder ausgewählte Schauspieler.

Ü 88 älter – alt, wiedergewählt – Wahl, erhält – erhalten, Amtsträger – tragen, männlich – Mann, ändern – anders, Hälfte – halb, Plätze – Platz, Bundesländer – Bundesland

Ü 89 träumen – Traum
Häuptling – Haupt
Zäune – Zaun
geräumig – Raum
Bräuche – gebrauchen

Räuber – rauben
Geräusch – rauschen
Säure – sauer
Gehäuse – Haus
er läuft – laufen

gläubig – glauben
einbläuen – blau
äußerlich – außen
säubern – sauber
Gräuel – Grauen

Säugling – saugen
sich schnäuzen – Schnauze
räuchern – Rauch
bäuerlich – Bauer
sich häuten – Haut

Mäuse – Maus
Gebäude – bauen
Fäulnis – faul
Bäume – Baum
Wiederkäuer – kauen

Ü 90
- Die gesamte Klasse schaffte es, sich zu einem Knäuel zu verknoten.
- Während eines Kinofilms sollte man sich nur sehr leise räuspern, um die anderen Besucher nicht zu stören.
- Der Hund sträubte sich hartnäckig, die Tierarztpraxis zu betreten.
- Du hast mich noch nie enttäuscht, wenn es darum ging, mir zu helfen.
- Der Mittelstürmer täuschte ein Foul vor und erhielt dafür zu Recht eine Verwarnung.
- Zu einem griechischen Tempel gehören in der Regel zahlreiche Säulen.

Ü 91
anfeuchten, beschleunigen, Beute, deuten, Deutschland, Efeu, Eule, heute, Keule, Kreuz, leugnen, Leute, Meute, (sich) scheuen, Scheune, schleudern, Seuche, seufzen, Steuer, verleumden

Ü 92
Senkrecht: Beute, Seuche, leugnen
Waagerecht: heute, Efeu, Kreuz, Scheune, Keule, Leute, anfeuchten, Eule

Ü 93
feucht: anfeuchten, Feuchtigkeit ...
Steuer: Steuerrad, steuern ...
Feuer: anfeuern, Feuerstelle ...
Heuchler: heuchlerisch, heucheln ...
treu: Treue, treuherzig ...
Kreuzung: Kreuz, kreuzen ...

Ü 94
Die Spuren des Rattenfängers
Sehr bekannt ist die Sage vom Rattenfänger. Heute erinnert noch vieles in Hameln an diesen Mann. Die älteste Darstellung der rätselhaften Geschichte ist auf einem Kirchenfenster zu sehen. Viele Jahre danach hat man ein Glockenspiel gebaut, bei dem sich um Punkt zwölf Uhr der Rattenfänger, die Kinder und die Ratten zeigen. Rattenfänger gibt es heute wie damals. Aber heute heißen sie Kammerjäger oder Schädlingsbekämpfer. Der Kammerjäger kennt Gifte, die nur für Ratten gefährlich sind und sie ohne Schmerzen sterben lassen. Er wickelt das Gift in kleine Futterstücke und legt diese in Kästen. Sie sind so eng, dass andere Tiere nicht an das Futter gehen können. Diese Kästen werden unter Zäune, in Gärten oder in Häuser gelegt.

Zu alten Zeiten hat man aber auch versucht, Ratten in verschiedenen Arten von Fallen und Schlingen zu fangen. Das ist jedoch Tierquälerei, weil die Ratten nämlich langsam und mit Schmerzen sterben.

Ü 95

stimmhafter, gesummter s-Laut	stimmloser, gezischter s-Laut	
s geschrieben	**ss** geschrieben	**ß** geschrieben
lesen	Kasse	Fließband
Reise	er fasst	fleißig
blasen	Schüssel	gießen
Bremse	Masse	Füße
rosig	Fluss	

Ü 96 z. B.: Lose – Rose; grasen – rasen; Besen – lesen; speisen – reisen; Reise – Weise; Hase – Vase; Wiese – Riese; brausen – sausen

Ü 97 Haus – Häuser; Laus – Läuse; Gras – Gräser; Gans – Gänse; Maus – Mäuse; Los – Lose; Gleis – Gleise; Glas – Gläser

Ü 98
er verreist: verreisen
er braust: brausen
sie bewies: beweisen
sie weist an: anweisen
sie speisten: speisen
er las: lesen
das Schaf grast: grasen

wir hausten: hausen
sie sauste: sausen
ihr rast: rasen
er niest: niesen
ich löste: lösen
es blies: blasen
sie döste: dösen

Ü 99 **Die Leseratte zum Bücherwurm**
Die Leseratte zum Bücherwurm:
„Lies mir ein Buch vor!
Eines, in dem der Riese niest.
Eines, in dem der Wind bläst.
Eines, in dem der Sturm saust.
Eines, in dem das Schaf grast.
Eines, in dem wir uns treffen.
Du und ich.
Eines, das du noch nicht
verspeist hast."

Ü 100 beißen, bloß, fließen, Fuß, Füße, genießen, Grieß, groß, Gruß, Grüße, heiß, Klöße, Maße, reißen, rußig, Spaß, Straße, weiß

Ü 101 beißen – reißen; fließen – genießen; Fuß – Gruß; Füße – Grüße; heiß – weiß; Maße – Straße

Will der Hund dein Hemd zerreißen,
solltest du ihn nicht noch beißen.

Wenn Säfte in den Garten fließen,
kann der Maulwurf sie genießen.

Dies ist ein Gruß
an deinen Fuß.

Und ganz besondere Grüße
auch an die anderen Füße.

Was ich nicht weiß,
macht mich nicht heiß.

Am Zebrastreifen an der Straße
pass auf in ganz besondrem Maße!

Ü 102

Nomen/ Substantiv	Verb im Infinitiv	1. Person Sg. Präsens	1. Person Sg. Präteritum (Imperfekt)
Kuss	küssen	ich küsse	ich küsste
Fass	fassen	ich fasse	ich fasste
Hass	hassen	ich hasse	ich hasste
Pass	passen	ich passe	ich passte

Ü 103 der Fluss – die Flüsse, die Kasse – die Kassen, die Flosse – die Flossen, der Kuss – die Küsse, der Pass – die Pässe, die Gasse – die Gassen, das Fass – die Fässer, das Schloss – die Schlösser

Ü 104
der Imbiss	er fasst an	die Kasse	der Ruß
die Gewissheit	zuverlässig	die Gießkanne	außen
das Weißbrot	misslungen	der Spaß	ein bisschen
das Weinfass	die Füße	das Flussbett	er beißt
der Riss	sie schießt	die Bisswunde	vergesslich

Ü 105

3. Person Singular Präsens	3. Person Singular Präteritum (Imperfekt)	3. Person Singular Perfekt
es fließt	es floss	es ist geflossen
er schießt	er schoss	er hat geschossen
sie beißt	sie biss	sie hat gebissen
sie weiß	sie wusste	sie hat gewusst
es reißt	es riss	es ist gerissen
er vergisst	er vergaß	er hat vergessen
sie schließt ab	sie schloss ab	sie hat abgeschlossen

Ü 106

Gießkanne – gegossen   Fluss – fließen   er beißt – bissig
Schluss – schließen   Guss – gießen   er ließ – gelassen

Ü 107 **Erster Schultag in der Prärie**

Die Lehrerin will von dem Sohn des großen Indianerhäuptlings wissen, wie er denn heiße. Dieser antwortet: „Ich heiße Kleiner-Vogel-der-fleißig-singt-und-zwitschert-und-von-Baum-zu-Baum-fliegt." „Ein bisschen lang, dein Name, und leicht zu vergessen", sagt da die Lehrerin. „Wie nennen dich denn deine Freunde?" „Piep!", entgegnet gelassen der Sohn des großen Häuptlings.

Ü 108 **Wann lebten die Saurier?**

Die ersten Saurier bevölkerten vor 225 Millionen Jahren die Erde. Es gab zweifüßige und vierfüßige Saurier. Die meisten von ihnen waren Pflanzenfresser und nur ganz wenige ernährten sich von Fleisch. Sie konnten 30 Meter lang werden und bis zu 30 Tonnen wiegen. Neben den großen Dinosauriern gab es auch kleinere, etwa von der Größe eines Huhns. Versteinerungen von Knochen und Eiern der Urtiere geben uns Aufschluss, wie die Saurier aussahen und wie sie lebten. Auch wurden schon versteinerte Fußspuren und Abdrücke ihrer Haut entdeckt.

Die Helgoländer Hausmaus

Auf Helgoland gibt es eine Hausmaus, die ganz einzigartig ist. Ganz früher war Helgoland nämlich noch keine einsame Insel in der Nordsee und die Hausmäuse lebten dort ein genüssliches Leben in der Nähe der Menschen. Vor etwa 9000 Jahren stieg dann der Meeresspiegel aber an und schnitt den Fleck Erde, der heute Helgoland ist, vom Festland ab. Die Menschen konnten die Insel ohne große Probleme verlassen, aber für die Mäuse war der Weg zum Festland abgeschnitten. Sie können ja nicht schwimmen. Weil die neu entstandene Insel Helgoland dann sehr lange unbewohnt war, hatten die Hausmäuse kein Dach mehr über dem Kopf. So mussten die Hausmäuse, die ja eigentlich darauf trainiert waren, sehr komfortabel in Menschennähe zu leben, sich wieder in der Natur zurechtfinden.

Die faulen Hausmäuse mussten also ein ganz schön hartes Outdoor-Training absolvieren: selbst jagen und draußen wohnen und schlafen. Über die Jahrhunderte haben sich die Inselmäuse so zu einer eigenen Hausmaus-Art entwickelt. Sie sehen noch fast genauso aus wie ihre Verwandten, haben jetzt aber einen eigenen Namen; sie heißen „Mus musculus helgolandicus"! Sie unterscheiden sich von der normalen Hausmaus vor allem darin, dass sie nicht mehr in Häusern wohnen. Obwohl heute auf Helgoland wieder Menschen leben, bleiben die Helgoländer Hausmäuse lieber in der freien Natur, als sich in die Wohnungen zu schleichen.

Ü 109

Singular	Plural
das Ereignis	die Ereignisse
das Erlebnis	die Erlebnisse
der Zirkus	die Zirkusse
das Zeugnis	die Zeugnisse
das Hindernis	die Hindernisse

Ü 110

die Lasten	fasten	knusprig
das Fest	der Rastplatz	maskieren
die Blumenknospe	es rostet	der Misthaufen
die Küste	du bist (sein)	die Kiste

Ü 111 Reis/Mais, abends, bereits, etwas, es

Ü 112
- Dieses habe ich besonders gern gegessen.
- Oskar hat dieses Taschenmesser im Fachhandel gekauft.
- Rosalie hat dieses Lied, welches sie uns vorgetragen hat, selbst komponiert.
- Sie hat ihr Kaninchen, welches sie zum Geburtstag geschenkt bekommen hat, Pauline genannt.
- Der Autofahrer konnte dieses Motorrad erst im letzten Moment sehen.
- Dieses hätte ich nicht von dir erwartet!

Ü 113
- Ich hoffe, dass es dir heute besser geht.
- Louis behauptet, dass er das Buch bereits zurückgegeben hat.
- Ulli ist der Meinung, dass wir gemeinsam in den Urlaub nach Norwegen fahren sollten.
- Wir bedauern, dass wir nicht kommen können.
- Du hast erreicht, dass diese Regelung geändert wird.
- Sie war so müde, dass sie im Sitzen einschlief.

Ü 114
- **Das** (Art.) Hinweisschild, **das** (Rel.) vor dem Stadion steht, ist eindeutig: „**Das** (Art.) Abbrennen von Feuerwerkskörpern ist untersagt!"
- Darüber, **dass** (Konj.) du mich zum Essen einlädst, freue ich mich riesig.
- Marie hat ihrer Schwester Ella ausnahmsweise erlaubt, **dass** (Konj.) sie ihre Bastelschere benutzen darf.
- **Das** (Dem.) hat vor allem ihren Vater sehr überrascht.
- Wir kennen uns schon so lange, **dass** (Konj.) du mir vertrauen kannst, **dass** (Konj.) ich **das** (Art.) Geheimnis nicht verrate.
- Rosalie würde gerne **das** (Art.) kleine Kino, **das** (Rel.) am Marktplatz neu eröffnet wurde, besuchen.
- Er hört seine Oma schon von Weitem rufen: „**Das** (Dem.) darf doch wohl nicht wahr sein!"

Ü 115
- Das Schiff, das in der letzten Woche gesunken ist, hatte keinen Lotsen an Bord.
- Ich habe das gar nicht bedacht.
- Er erwartet, dass ihr bereits am frühen Morgen kommt.
- Ihr müsst verstehen, dass wir dieses Bild nicht verkaufen möchten.
- Ich werde nie begreifen, dass du das getan hast.
- Er wurde belohnt, ohne dass er es verdient gehabt hätte.
- Ich war der Meinung, dass das Geld mir gehöre.
- Öffne das Paket, das dir der Postbote gebracht hat, bitte erst morgen.

Ü 116 Michael Ende

Momo beherrscht eine seltsame Kunst

Was die kleine Momo konnte wie kein anderer, das war zuhören. Ist doch nichts Besonderes, wird vielleicht mancher Leser sagen, zuhören kann doch jeder. Aber das ist ein Irrtum. Wirklich zuhören, das können nur ganz wenige Menschen. Und so wie Momo sich auf das Zuhören verstand, war es ganz und gar einmalig. Momo konnte so zuhören, dass dummen Leuten plötzlich sehr gescheite Gedanken kamen. Nicht etwa, dass sie etwas sagte oder fragte, was den anderen auf solche Gedanken brachte, nein, sie saß nur da und hörte einfach zu, mit aller Aufmerksamkeit und aller Anteilnahme. Dabei schaute sie den anderen mit ihren großen, dunklen Augen an und der Betreffende fühlte, wie in ihm auf einmal Gedanken auftauchten, von denen er nie geahnt hatte, dass sie in ihm steckten.

Sie konnte so zuhören, dass ratlose oder unentschlossene Leute auf einmal ganz genau wussten, was sie wollten. Oder dass Schüchterne sich plötzlich frei und mutig fühlten. Oder dass Unglückliche und Bedrückte zuversichtlich und froh wurden. So konnte Momo zuhören.

Ü 117
Erlaubnis	er gab	es piept	halb
er erbt	Körbchen	sie erlebt	Kalb
er pumpt	selbst	herb	taub
es verdirbt	er trieb	sie stülpt	am liebsten
Grab	sie siebt	er vertreibt	gelb

Ü 118 abfahren, Abt, Erbse, Herbst, hübsch, Knoblauch, Krebs, Obdach, Obhut, Obst, obwohl, Publikum

Ü 119
Krebs	Herbst	Erbse
hübsch	Publikum	Abt
Knoblauch	Obhut	obwohl

Ü 120 Haupt, Kapsel, Klempner, Knirps, Mops, Raps, Rezept, Schlips, Schnaps, September, Stöpsel

Ü 121
| Rezept | Haupt | Kapsel |
| September | Mops | Schlips |

Ü 122
Zwerg	Lügner	Kalk	Dachbalken
sie merkt es	Käfig	Hasenjagd	Volk
Betrug	Falke	Pfennig	Knochenmark
es steigt	Burg	Weg	Musik
sie schlägt	er regt sich auf	gepflegt	besiegt
er predigt	erledigt	Krankheit	sie fragt
er lenkt	er singt laut	Parkbank	das Schiff sinkt
Gelenk	Anfang	Danksagung	Ring

Ü 123

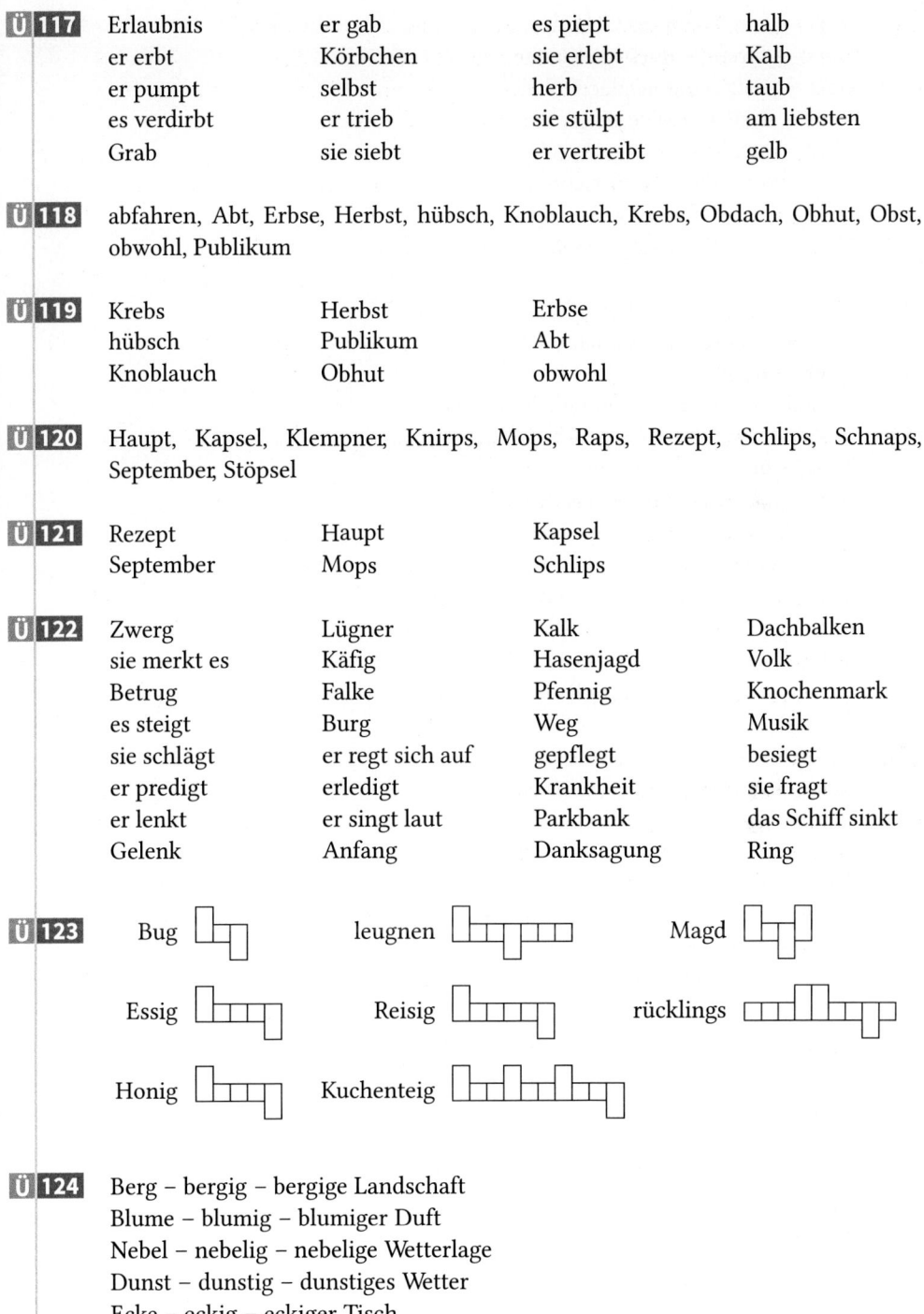

Bug, leugnen, Magd

Essig, Reisig, rücklings

Honig, Kuchenteig

Ü 124
Berg – bergig – bergige Landschaft
Blume – blumig – blumiger Duft
Nebel – nebelig – nebelige Wetterlage
Dunst – dunstig – dunstiges Wetter
Ecke – eckig – eckiger Tisch

Salz – salzig – salziges Gebäck
Durst – durstig – durstige Kinder
Geiz – geizig – der geizige Onkel
Riese – riesig – riesige Berge
Mehl – mehlig – mehlige Äpfel
Rose – rosig – rosige Aussichten
Holz – holzig – holziger Spargel
Fluss – flüssig – flüssiger Stahl

Ü 125 Herbst – herbstlich – herbstliche Stimmung
Vater – väterlich – väterlicher Rat
Brief – brieflich – briefliche Mitteilung
Freund – freundlich – freundliche Erinnerung
Mund – mündlich – mündliche Erklärung
braun – bräunlich – bräunliche Farbe
süß – süßlich – süßlicher Geschmack
Mensch – menschlich – menschliches Verhalten
rot – rötlich – rötlicher Schimmer
Sommer – sommerlich – sommerliches Wetter
Gott – göttlich – göttlicher Schutz
Sache – sächlich – sächlicher Artikel
Stunde – stündlich – stündliche Telefonate

Ü 126 Sturm – stürmisch – stürmische Nacht
Neid – neidisch – neidischer Mensch
Teufel – teuflisch – teuflischer Geruch
Dieb – diebisch – diebische Elster
Regen – regnerisch – regnerisches Wetter
Kind – kindisch – kindisches Verhalten

Ü 127

Schuld	Abend	freundlich	Gebet
Häftling	vermutlich	Geheimbund	gesund
bunt	Sandgrube	wertvoll	Ratgeber
Schwert	jemand	Bildnis	Geduld
Kleid	länglich	Brot	Pfund
mutwillig	endlich	sie bat mich	er riet mir
bereit	gemütlich	gescheit	rötlich

Ü 128 **Senkrecht:** irgendwo, bald, jugendlich, niedlich
Waagerecht: irgendein, eilends, Mädchen, Ordnung, während, nirgends

Ü 129 insgesamt   rutschen
etwas   quietschen

Ü 130

Endstation	entgegen	Entlassung	endgültig
endlich	Entspannung	entgleisen	Endsilbe
Entschuldigung	unendlich	Endsumme	entweder
endlos	entsprechen	beendet	Endergebnis
enttäuscht	enthüllen	Endspurt	entfliehen

Ü 131

Infinitiv	Partizip I	
laufen	laufend	laufende Kosten
fahren	fahrend	fahrende Autos
singen	singend	singende Männer
feiern	feiernd	feiernde Menschen
jubeln	jubelnd	jubelnde Massen
schreien	schreiend	schreiende Babys
lachen	lachend	lachende Kinder

Ü 132 Name: namentlich; Woche: wöchentlich; Ordnung: ordentlich; Wesen: wesentlich; flehen: flehentlich; Versehen: versehentlich; hoffen: hoffentlich (= Adverb)

Ü 133 **Unglaublich**
Ein Hase begegnet einem zottigen Hund. „Was bist du für ein Tier?" – „Ein Wolfshund. Meine Mutter ist ein Wolf, mein Vater ein Hund." Der Hase läuft fort und trifft auf seinem Weg ein Muli. „Was bist du für ein Tier?" – „Ich bin ein Maultier. Mutter Esel, Vater Pferd." Der Hase läuft weiter und begegnet noch einem Tier, das er merkwürdig findet. „Was bist du für ein Tier?" – „Ein Ameisenbär." – „Ne, das glaub ich nicht."

In Wüste und Savanne
Wasser ist kostbar, besonders für Tiere, die in Savannen, Wüsten und Graslandschaften leben. Sie haben die unterschiedlichsten Fähigkeiten entwickelt, mit wenig Wasser auszukommen und das Wasser, welches es in der Wüste nur sehr spärlich gibt, aufzuspüren. Oft kommen sie erst in der Kühle der Nacht aus Erdlöchern und nutzen ihre gut ausgeprägten Sinne für die Jagd in der Dunkelheit. Kommt ihnen dabei ein anderes Tier in die Quere, wird es eingeschüchtert – mal mit Scherenhänden, mal mit lautem Zischen. Doch nie wird ohne Grund angegriffen.

Ü 134 Industriestadt, Vorstadt, Kleinstadt, städtisch, Stadtmauer, Städtepartnerschaft, Stadttheater, Kreisstadt, Städtefreundschaft, stadtbekannt

Ü 135 stattdessen, Statthalter, stattfinden, Raststätte, stattlich, statthaft, anstatt, stattgeben, Gaststätte

Ü 136
Todesanzeige	todmüde	todsicher	Todesangst
mausetot	sich totlachen	totgetreten	totschweigen
todkrank	todunglücklich	halbtot	Totenstille

Ü 137
- Seid ihr etwa immer noch nicht fertig?
- Ich bin seit mehreren Jahren nicht mehr in dieser Stadt gewesen.
- Seid bitte etwas leiser, ich möchte telefonieren!
- Seit die Verkehrsberuhigung in unserem Viertel vorgenommen wurde, ist es viel angenehmer, hier zu wohnen.
- Ihr seid meine besten Freunde.
- Erst seit gestern hat das Schwimmbad wieder geöffnet.

Ü 138
Elefant	frech	fallen	fremd
Schwefel	Sofa	Efeu	fortfahren

Ü 139

Infinitiv	1. Person Singular Präsens	1. Person Singular Präteritum/ Imperfekt
fallen	ich falle	ich fiel
fehlen	ich fehle	ich fehlte
fordern	ich fordere	ich forderte
fortfahren	ich fahre fort	ich fuhr fort
formen	ich forme	ich formte
anfertigen	ich fertige an	ich fertigte an
folgen	ich folge	ich folgte

Ü 140

Wörter mit v – wie f gesprochen	Wörter mit v – wie w gesprochen
(sehr) viel	Vase
vielleicht	Klavier
Vater	Ventil
vor	dividieren
naiv	November
von	Pulver
brav	privat
Volk	Provinz
Vetter	Vegetarier
völlig	nervös
vier	Vulkan
Vogel	Kurve
Larve	Violine
	Vanille
	Revolution

Ü 141

völlig   privat
Ventil   naiv
Kurve/Larve

Ü 142 Gift – vergiften; Miete – vermieten; Verlust – verlieren; Versprechen – versprechen; Verrat – verraten; Verhör – verhören; Verstoß – verstoßen; Verkehr – verkehren; Biegung – verbiegen; Verschluss – verschließen

Ü 143 Vorteil – vorteilhaft; Vorbild – vorbildlich; Vorsicht – vorsichtig

Ü 144
- Es ist nicht sicher, ob ich komme; aber vielleicht schaffe ich es noch.
- Mit diesem Werkzeug können Sie fast alles machen, so vielseitig verwendbar ist es.
- Seine Ausführungen waren so vieldeutig, dass anschließend einiges im Unklaren blieb.
- Ein Vieleck ist eine geometrische Figur.

Ü 145

Pfanne – Pfannkuchen	Pferd – Pferdegeschirr	Pflug – pflügen
Pfahl – Pfähle	Pfund – Pfunde	Pfeil – pfeilschnell
Pfennig – Pfennige	Pfusch – pfuschen	Pfote – Pfötchen
pflücken – Pflücker	Pflicht – verpflichten	
Pfand – pfänden	Pfeffer – gepfeffert	
Pfad – Pfadfinder	Pfarrer – Pfarrhaus	

Ü 146
- „Den Berg werden wir mit links schaffen!", rief Lasse übermütig.
- Die Axt im Haus erspart den Zimmermann, sagt ein altes Sprichwort.
- Ausnahmsweise ging bei diesem Experiment nichts daneben.
- Fuchs und Dachs spielen in dem Kinderbuch „Als die Tiere den Wald verließen" eine Hauptrolle. Ein Luchs kommt darin nicht vor.
- Früher wurde der Pflug häufig von einem Ochsen gezogen.
- Das Wort „Text" kommt aus dem Lateinischen und bedeutet „das Gewebte", „das Gestrickte".
- Können Sie mir bitte das Geld für den Parkscheinautomaten wechseln?
- Eidechsen liegen besonders gern in der Sonne.
- Früher mussten Mädchen einen Knicks machen, wenn sie einen Erwachsenen begrüßten.
- Fixe Nixen sind angeblich Expertinnen für kalte und warme Mixgetränke.
- Bestellen Sie mir bitte für 23.00 Uhr ein Taxi.
- Erst drückte er jeden Klingelknopf, dann verließ er flugs das Gelände.
- Hinterrücks wurde er von den dreisten Dieben angefallen und ausgeraubt.

Ü 147 Diphthong: Doppellaut; These: Behauptung, Leitsatz; Theke: Schanktisch, Ladentisch; Thermostat: Wärmeregler; Strophe: Gedichtabschnitt, Gedichteinheit; Phantom: Einbildung, Trugbild; Phase: Abschnitt; Rhinozeros: Nashorn; Rhetorik: Redekunst; Rhythmus: regelmäßiger Wechsel

Ü 148
Theater	Kathedrale
Physik	Saxofon/Saxophon
Rhinozeros	Rhabarber

Ü 149 Chanson: Lied; Chor: Gemeinschaft von Sängerinnen und Sängern; Chronik: Aufzeichnung geschichtlicher Vorgänge; Chlor: chemischer Stoff; Chirurg: Facharzt

Ü 150
Chance	Chef
Charakter	Chlor
chronisch	christlich

Ü 151
- Elmar möchte später als Journalist bei einer Zeitung arbeiten.
- Am Abend sollte man sein Auto in die Garage fahren.
- Familie Flügel hat eine Wohnung in der neunten Etage gemietet.
- Rosalie kann mit fünf Bällen jonglieren.
- Hannes größter Wunsch ist es, einmal selbst einen Düsenjet zu fliegen.

Ü 152 Annonce: Anzeige; Ration: zugeteiltes Maß; Integration: Eingliederung; Inflation: Geldentwertung; Auktion: Versteigerung; Konjunktion: Verbindungswort

Ü 153

Sport	Technik	Geschäftswelt	Essen und Trinken
Aerobic	Laptop	Laptop	Hamburger
Fitness	Laser	Software	Steak
Hockey	CD-Player	online	Toast
Bungeejumping	Software	Mindmap	Cheeseburger
Basketball	online	Manager	Cocktail
Dunking	Smartphone	jobben	Barbecue
Service (Tennis)	Display	Smartphone	Ketschup
Foul			(Ketchup)
Badminton			

Ü 154 das Baby – die Babys
die City – die Citys
das Pony – die Ponys
der Buggy – die Buggys
der Whisky – die Whiskys
der Rowdy – die Rowdys
der Cowboy – die Cowboys
das Hobby – die Hobbys
das Handy – die Handys

Ü 156 **Löwe**
Der Löwe ist eine kräftig gebaute Katze mit einem besonders großen Kopf. Er besitzt muskulöse Beine und einen langen Schwanz. An dessen Ende ist deutlich ein Büschel zu erkennen. Darin befindet sich ein Hornstachel. Löwen jagen Zebras und Antilopen. Durch einen Biss in den Hals oder Nacken töten sie ihre Opfer. Löwen leben nicht allein, sondern in Gruppen. Bis zu drei Männchen und 15 Weibchen und deren Junge bilden eine Gruppe.

Strauß
Der Strauß ist viel zu schwer zum Fliegen. Er kann jedoch ganz besonders schnell laufen. Ein Strauß erreicht eine Spitzengeschwindigkeit von bis zu 70 km/h. Er ist der größte Vogel der Welt. Aufgrund seiner Flugunfähigkeit wird der Strauß zur Ordnung der Laufvögel gezählt.

Waschbär

Waschbären können ziemlich schnell laufen, gut klettern und sogar schwimmen, wenn sie dazu gezwungen werden. Diese Tiere fressen beinahe alles, was ihnen zwischen die Pfoten kommt. So fängt ein Waschbär zum Beispiel Fische, Frösche, Vögel und Mäuse. Manchmal untersucht er auch Abfallkörbe nach Speiseresten.

Ü 157 **Am falschen Ort**

Ein Mann möchte auch im Winter angeln und hackt ein Loch ins Eis. Da ertönt über ihm aus dem Hintergrund eine Stimme: „Lassen Sie sofort das Eis in Ruhe, hier wird nicht geangelt!" Erschrocken ruft der Mann: „Wer spricht denn da? Der liebe Gott?" – „Nein, der Stadionsprecher des Eishockeyclubs!"

Ü 158

Die Kurzgeschichte „Brudermord im Altwasser", geschrieben von Georg Britting und 1933 in der Textsammlung „Die kleine Welt am Strom" veröffentlicht, handelt von drei Brüdern, denen beim Spielen an einem See ein schreckliches Unglück widerfährt.

Ü 159 + 160

Maskulinum	Femininum	Neutrum
der Ärmel	die Hose	das Ereignis
der Hammer	die Geschichte	das Werkzeug
der Vogel	die Katze	das Baby
der Schnabel	die Löwin	das Hindernis
der Bagger	die Sorge	das Kaninchen
der Ärger	die Liebe	das Känguru
der Eimer	die Tastatur	das Handy
der Fensterrahmen	die Hummel	das Rad

Ü 161 **DER FUCHS**

DER FUCHS JAGT VOR ALLEM IN DER NACHT. AM TAG HÄLT ER SICH IN SEINEM BAU AUF. AUF SEINEM SPEISEPLAN STEHEN VOR ALLEM TIERE WIE RATTEN UND MÄUSE. EIN FUCHS FRISST JEDOCH AUCH INSEKTEN.

DIE STACHELTASCHENMAUS

DIE STACHELTASCHENMAUS IST ETWA SO GROß WIE DIE HAND EINES ERWACHSENEN MENSCHEN. SIE LEBT IM WALD IN ERDHÖHLEN UND IST IN DER NACHT AKTIV. DIE STACHELTASCHENMAUS FRISST VOR ALLEM SAMEN, FRÜCHTE, BLÄTTER UND KNOSPEN, DIE SIE SAMMELT UND IN IHRER HÖHLE VERZEHRT.

Ü 162 **Wüstenrennmäuse**

Wüstenrennmäuse sind sehr gesellige Tiere. Deshalb sollte man sie niemals als Einzeltiere halten, weil sie sonst vereinsamen können. Es vertragen sich auch zwei Männchen ohne große Schwierigkeiten. In diesem Fall hat man nicht das Problem mit den Nachkommen, denn Wüstenrennmäuse pflanzen sich zahlreich fort. Man kann sie gut in einem Terrarium halten, welches unten mit einer Sandschicht aufgefüllt wird. Wichtig ist in jedem Fall eine Abdeckung. Wüstenrennmäuse sind nämlich ausgezeichnete Springer und lieben es, unbemerkt in der Wohnung herumzustrolchen. Da kann die Familie schon einmal in der Nacht von merkwürdigen Geräuschen geweckt werden. Die Tiere lassen sich jedoch mit etwas Geduld wieder einfangen. Ganz zahm werden sie nur in sehr seltenen Fällen.

Ü 163
- Hättest du nicht noch ein bisschen warten können? Wenigstens ein paar Minuten!
- Ich hätte gern ein viertel Pfund/Viertelpfund Käse.
- Wir treffen uns am Donnerstag um Viertel nach sieben.
- Kannst du auch schon um drei viertel sechs kommen?
- Meine Großmutter lebte zeit ihres Lebens in einem ostwestfälischen Dorf.
- Wer immer nur recht haben/Recht haben will, verliert sehr schnell seine Freunde.
- Es tut mir wirklich leid, dass ich den Termin vergessen habe.
- Daran bin nur ich schuld.
- Lasse schaffte dank Annas Hilfe die Prüfung.
- Das Schiff wurde mithilfe/mit Hilfe eines Lastenkrans aus dem Wasser gehoben.
- Sind die Stifte im Dutzend billiger?
- Wir werden aufgrund/auf Grund des anhaltenden Regens früher abreisen.
- Während der Nachtwanderung war ihm ziemlich mulmig zumute/zu Mute.
- Als Bill Gates seine erste Million verdient hatte, war er gerade einmal 25 Jahre alt.
- Sie blieb infolge eines Reifenschadens mit dem Auto liegen.

Ü 164
- Wenn manche Menschen schnarchen, wackeln die Wände.
  Lautes Schnarchen hat früher angeblich die wilden Tiere vertrieben.
- Das Spielen auf den Bahngleisen ist äußerst gefährlich.
  Viele Kinder spielen gern im Wald.
- Am Nachmittag hole ich dich zum Schwimmen ab.
  Es ist verboten, in unbekannten Gewässern zu schwimmen.
- Bei diesem Spiel müssen sich die Kinder leise etwas ins Ohr flüstern.
  Nach zehn Uhr ist in der Jugendherberge nur noch Flüstern erlaubt.

Ü 165 Erlaubt oder erwünscht:
- Das sorgfältige Lesen der Hinweistafeln ist erwünscht.
- Ausgelassenes Toben auf dem Spielplatz ist erlaubt und erwünscht.
- Das Befragen der Tierpflegerinnen und Tierpfleger ist erlaubt und erwünscht.
- Das Streicheln des Esels ist erwünscht.
- Das Benutzen der gekennzeichneten Wege ist erlaubt.
- Das Vortragen von Gedichten vor dem Affenkäfig ist erwünscht.

Verboten:
- Das Streicheln der Krokodile ist verboten.
- Das Frisieren des Löwen ist verboten.
- Das Teilen des Fressnapfes mit dem Tiger ist verboten.
- Das Bewerfen der Affen mit Popcorn ist verboten.
- Das Öffnen des Elefantengeheges ist verboten.
- Das Durchführen eines Spuckwettkampfs mit den Lamas ist verboten.

Ü 166
- Jonas hat sich für einen Kurs angemeldet, in dem es um das Erlernen des Feuerschluckens geht.
- Wer täglich Rad fährt, hält sich fit und schont die Umwelt.
- Paul ist zu faul zum Radfahren.
- Maja hat sich beim Skilaufen den Fuß gebrochen und muss nun den ganzen Tag im Bett liegen.
- Die Mehrheit hat sich für das Schlittschuhlaufen entschieden, nur wenige wollten Völkerball spielen.
- Wir treffen uns gegen 17 Uhr zum Pizzaessen in der Fußgängerzone, später wollen wir dann ins Kino gehen.

Ü 167
- Ich habe im Urlaub nichts Besonderes erlebt. – Rosalie isst Pizza ganz besonders gern.
- Ich hoffe, du hast dich gut erholt. – Das Gute daran ist, dass es nichts kostet.
- An dem Verkaufsstand gab es manches Nützliche. – Dies ist eine nützliche Erfindung.
- Die übrigen Kisten bringen wir in die Garage. – Ich bin im Übrigen dafür, das Auto nicht zu kaufen.
- Bist du dir eigentlich darüber im Klaren, was du überhaupt willst? – Zu einer klaren Stellungnahme war sie nicht zu bewegen.
- Der Redner drückte sich sehr allgemein und unverbindlich aus. – Das sollte im Allgemeinen nicht passieren.
- Das grüne Kleid gefällt mir überhaupt nicht. – Ich träume von einem Häuschen im Grünen.
- Bei diesem Fall tappt die Polizei noch völlig im Dunkeln. – Nachts solltest du dunkle Gassen meiden.

- Was gibt es Neues? – Diese Erfahrung ist neu für mich.
- Im Wesentlichen ist jetzt alles gesagt. – Auf dieser Reise haben wir wesentlich mehr erlebt als beim letzten Mal.
- Diesen Pullover gibt es auch in Rot und Grün. – Er wurde abwechselnd rot und grün im Gesicht.
- Die laufenden Kosten müssen Sie natürlich selbst tragen. – Wir werden Sie auf dem Laufenden halten.
- Ich habe nichts Geeignetes gefunden. – Diese Wohnung ist nun wirklich nicht für meine Familie geeignet.
- Er kaufte sich auf dem Markt alles Mögliche. – Das ist nur eine mögliche Lösung.
- Für Jung und Alt war etwas dabei. – Oft sind junge Hunde viel wilder als alte.
- Es ist das Beste, wenn du zu Hause bleibst. – Er überreichte das Geschenk mit den besten Empfehlungen.

Ü 168
- Die Miete ist am Zweiten des Monats fällig. – Sie war zum zweiten Mal gestürzt.
- Fürs Erste soll es genug sein. – Ich habe mich bereits am ersten Urlaubstag prima erholt.
- Jeder vierte Autofahrer wurde herausgewinkt. – Jule kam als Vierte an die Reihe.
- Gewährt mir die Bitte, ich sei in eurem Bunde der Dritte. – Es war bereits die dritte Niederlage in Folge.

Ü 169
- Nach dem Brand standen sie vor dem Nichts. – Für den erfolgsverwöhnten Fußballverein ist es nichts Besonderes mehr, die Meisterschaft zu gewinnen.
- Handelt es sich bei dem Hund um eine Sie oder ist das ein Er? – Am Montag besucht er sie.
- Mein Freund hat immer nur „null Bock". – Beim Roulette setzte sie alles auf die Null und verlor.
- Hast du das erwartet? – Sie bot ihm das Du an.
- Wir machen hier und jetzt eine Pause. – Ich lebe im Hier und Jetzt, nicht im Jenseits.
- Nach der Verletzung stand der Spieler vor dem Aus. – Gehen wir heute aus?

Ü 170
- Zum Erfolg trugen auch die vielen/Vielen bei, die als Helfer beim Osterlauf eingesetzt waren.
- Alles andere/Andere erzähle ich dir später.
- Wir drei gehören unbedingt zusammen.
- Am schnellsten erreichen Sie den Bahnhof mit einem Taxi.
- Du überraschst mich immer wieder aufs Neue/neue.

- Der Schulleiter wurde von den Schülerinnen und Schülern auf das Herzlichste/herzlichste verabschiedet.
- Manchen Menschen fehlt es am Nötigsten.
- Die Besucher kamen von nah und fern.
- Über kurz oder lang wird die Fabrik schließen müssen.
- Du kannst ohne Weiteres/weiteres jederzeit kommen, solltest dich jedoch binnen kurzem/Kurzem entschieden haben.
- Das Wetter war wie immer grau in grau.
- Ihr könnt ohne Weiteres/weiteres noch eine Woche bleiben, Platz ist genug da.
- Die beiden umarmten sich innig.
- Die meisten/Meisten zeigten viel Verständnis für seine Entscheidung, der eine/Eine oder andere/Andere schüttelte jedoch auch den Kopf.
- Nach der Revolution verließen hunderttausende/Hunderttausende das Land.

Ü 171 Aus einem Unfallprotokoll

Im Folgenden wird ein merkwürdiger Unfallhergang geschildert, bei dem die Polizei in wesentlichen Punkten noch im Dunkeln tappt.
Der Lastkraftwagenfahrer Anton B. befuhr mit seinem Brummi gemütlich die Landstraße von Marienloh nach Sennelager, als er ein ungewöhnliches Geräusch aus dem hinteren Teil seines Fahrzeugs vernahm. Es hörte sich an wie das Verschieben von Möbeln oder das Umstoßen von Umzugskisten. Schließlich war Anton B. es leid und er hielt seinen LKW an, um nachzuforschen. Als er die Türen seines Aufliegers öffnete, sprang ihm ein ausgewachsener Schimpanse entgegen und war im Nu im Wald verschwunden. Das Ganze ging so schnell, dass Anton B. überhaupt keine Möglichkeit hatte, auf die seltsame Situation zu reagieren. Zwei Radfahrer beobachteten den Vorgang aus der Ferne. Die beiden bestätigten später der Polizei, dass es sich um einen besonders großen Affen gehandelt habe. Der eine/Eine erwähnte zudem, dass der Schimpanse offensichtlich in Panik geraten war und fluchtartig im dichten Gebüsch verschwand.
Über das Tier gibt es bis zum jetzigen Zeitpunkt nichts Neues zu berichten. Der Affe blieb im Wald verschwunden. Etwas Vergleichbares hat es in dieser Gegend noch nicht gegeben. Anton B. begab sich wegen eines möglichen Schockzustandes in ärztliche Behandlung. Beim Erkunden merkwürdiger Geräusche sollte er in Zukunft am besten etwas vorsichtiger sein.

Ü 172 Sehr geehrte Frau Meierbaum,

ich muss Ihnen leider mitteilen, dass Ihr Zwerghase schon wieder meinen Salat gefressen hat. Ich möchte Ihnen gar nicht unterstellen, dass Sie ihn dazu erzogen haben, dieses zu tun. Aber es wäre nett, wenn Sie ihn in Zukunft erst dann zu mir schicken würden, wenn er sich in Ihrem Garten satt gefressen hat. Als Nachtisch kann Ihr Hase dann selbstverständlich bei mir eine Mohrrübe bekommen. In meinem Garten wachsen die leckersten.

Mit freundlichem Gruß
Willibald Tierlieb

Ü 173 **Liebe Jule,**
ich muss dir/Dir leider mitteilen, dass dein/Dein Zwerghase schon wieder meinen Salat gefressen hat. Ich möchte dir/Dir gar nicht unterstellen, dass du/Du ihn dazu erzogen hast, dieses zu tun. Aber es wäre nett, wenn du/Du ihn in Zukunft erst dann zu mir schicken würdest, wenn er sich in deinem/Deinem Garten satt gefressen hat. Als Nachtisch kann dein/Dein Hase dann selbstverständlich bei mir eine Mohrrübe bekommen. In meinem Garten wachsen die leckersten.

Herzliche Grüße
Willibald

Ü 174
- Am Heidelberger Schloss sahen wir viele japanische und amerikanische Touristen.
- Der Atlantische Ozean ist für viele ein beliebtes Urlaubsziel.
- Vom Dortmunder Fernsehturm hat man eine großartige Aussicht über die Stadt.
- Ich mag italienische Nudelgerichte und Pizza besonders gern.
- Die goetheschen (Goethe'schen) Balladen hat meine Großmutter fast alle auswendig gelernt.
- Der Kölner Dom wird jährlich von vielen Schulklassen besucht.
- Der Dreißigjährige Krieg endete mit dem Westfälischen Frieden.
- Die Kieler Woche gilt als das größte Segelsportereignis der Welt.
- In den Jahren 1914 bis 1918 tobte in Europa der Erste Weltkrieg.

Ü 175
- Bilal geht freitags immer zum Schwimmen.
- Wir werden euch erst übermorgen treffen.
- Ich habe gestern Morgen leider verschlafen, deshalb bin ich erst mittags gekommen.
- Fledermäuse sind besonders abends und nachts aktiv.
- Manche Leute schauen jeden Abend erst unter das Bett.
- Am nächsten Sonntagabend bleibt unser Restaurant geschlossen.
- An diesem Dienstag geschah sehr viel.
- Der Patient war für Dienstagmorgen bestellt, leider kam er erst gegen Mittag.
- Der Unterricht fällt morgen Nachmittag wegen der Festvorbereitungen aus.
- Unser Chor trifft sich immer sonntags abends (sonntagabends) im Gemeindehaus.

Ü 176 **Urlaubsvorbereitungen**
Charlotte und Afra wollen am Samstag mit ihren Freundinnen am Baggersee zelten. Afra geht freitagnachmittags immer zum Reiten. Deshalb treffen sich die beiden bereits am Donnerstagabend, um gemeinsam ihre Sachen zu packen. „Ich werde mir morgen noch eine neue Luftmatratze kaufen. Hast du einen Tipp, wo es günstige gibt?", fragt Charlotte ihre Freundin. „Mein Bruder hat sich vorgestern im Campingshop eine gekauft, supergünstig. Ich weiß aber nicht, ob morgen Nachmittag noch welche da sind", antwortet die Freundin. „Dann sollte ich besser noch heute Abend hingehen. Der Laden ist donnerstags doch bis 20.00 Uhr geöffnet", meint Charlotte. So gehen die beiden los und kaufen eine neue Luftmatratze. Sie gehen anschließend noch an einer Eisdiele vorbei, müssen sich dann jedoch beeilen. Die Freundinnen dürfen abends nämlich nur bis 21.00 Uhr draußen bleiben.

Ü 177
- Ich bedanke mich vielmals bei euch für das Geschenk.
- Beim letzten Mal war die Stimmung viel besser.
- Einmal ist keinmal.
- Das eine Mal will ich dir noch helfen.
- Er hat mehrere Male versucht, dich telefonisch zu erreichen.
- Obwohl er das Diktat mehrmals geübt hat, hat er viele Fehler gemacht.
- Ich habe dir etliche Male gesagt, dass du die Tür schließen sollst.
- Ich werde dich niemals vergessen.

Ü 178 Mögliche Zusammensetzungen:
Rennauto, Autorennen, Kleiderbügel, Autoschlüssel, handbreit, Schnellstraße, hellblau, Kleiderschrank, himmelblau, meterlang, fingerdick, Teebeutel ...

Ü 179

Infinitiv	1. Person Singular, Präsens	3. Person Singular, Perfekt
schlussfolgern	ich schlussfolgere	sie hat geschlussfolgert
handhaben	ich handhabe	sie hat gehandhabt
widersprechen	ich widerspreche	sie hat widersprochen
wehklagen	ich wehklage	sie hat gewehklagt
maßregeln	ich maßregele	sie hat gemaßregelt
liebäugeln	ich liebäugele	sie hat geliebäugelt
vollbringen	ich vollbringe	sie hat vollbracht
umfahren	ich umfahre	sie hat umfahren
frohlocken	ich frohlocke	sie hat frohlockt
unterstellen	ich unterstelle	sie hat unterstellt
übersetzen	ich übersetze	sie hat übersetzt

Ü 180
ab + brechen = abbrechen
an + kommen = ankommen
aus + gehen = ausgehen
davon + rennen = davonrennen
dazwischen + gehen = dazwischengehen
drauflos + laufen = drauflauslaufen
durch + setzen = durchsetzen
ein + tauchen = eintauchen
entgegen + treten = entgegentreten
fort + setzen = fortsetzen
...

Ü 181

Infinitiv	1. P. Singular Präsens	1. P. Plural Perfekt	Imperativ Plural
hinauflaufen	ich laufe hinauf	ich bin hinaufgelaufen	Lauft hinauf!
ankommen	ich komme an	ich bin angekommen	Kommt an!
durchsetzen	ich setze durch	ich habe durchgesetzt	Setzt durch!
entgegentreten	ich trete entgegen	ich bin entgegengetreten	Tretet entgegen!
eintauchen	ich tauche ein	ich bin eingetaucht	Taucht ein!
fortsetzen	ich setze fort	ich habe fortgesetzt	Setzt fort!

Ü 182 **Aus der Zeitung**

Bei einem glimpflich verlaufenen Verkehrsunfall sind am Donnerstagabend ein PKW und ein Motorrad zusammengestoßen. Der Fahrer des PKW war mit überhöhter Geschwindigkeit den Stellberg heruntergefahren und auf regennasser Fahrbahn infolge von Aquaplaning ins Schleudern geraten. Der ihm entgegenkommende Motorradfahrer konnte nicht mehr ausweichen und prallte gegen die Beifahrerseite. Wie durch ein Wunder blieben beide Fahrzeughalter unverletzt. Auto und Motorrad mussten abgeschleppt werden. Bei dem PKW-Fahrer wurde ein Alkoholtest vorgenommen. Sein Führerschein wurde vorläufig eingezogen.

Ü 183
- Du solltest ihm nicht mehr hinterherlaufen.
  Ich halte dich fest, hinterher läufst du mir noch weg.

- Sollen wir hinauf laufen oder hinauf fahren?
  Die Katze ist schon wieder die Dachrinne hinaufgelaufen.

- Wenn ich dich nicht wiedersehen kann, verzweifle ich.
  Nach der Operation konnte sie wieder sehen.

Ü 184
- Wenn du dich richtig aufwärmen willst, solltest du zunächst langsam laufen.
- Ella ist es nicht schwergefallen, sich bei ihrem Freund zu entschuldigen.
- Über manche Witze könnte ich mich kranklachen.
- Diese Gemüsesuppe wird kalt gegessen.
- Wenn du ein Gedicht vorträgst, solltest du nicht nur laut sprechen, sondern auch deutlich.
- Der Abteilungsleiter wurde vom Firmenchef kaltgestellt.
- Wenn ihr immer so heimlichtut, erzeugt das Misstrauen.
- Beim letzten Wettkampf ist Jonas schwer gestürzt.
- Darauf lasse ich mich nicht festnageln.
- Beim Abschied hat er sie noch einmal fest gedrückt.
- In der katholischen Kirche gibt es ein Ritual, Verstorbene heiligzusprechen.
- Du solltest nicht so groß schreiben, der Platz reicht ansonsten nicht.
- Adjektive werden kleingeschrieben.

Ü 185
Angst haben, Pizza essen, Ski laufen, Pleite machen, Maß nehmen, Rad fahren, Schlange stehen, Feuer schlucken, Urlaub machen …

Ü 186
- Wenn du Silben trennen willst, musst du deutlich sprechen.
  Der Buchstabe h dient gelegentlich als Silben trennendes/silbentrennendes h.
- Autofahrer müssen auf Fahrrad fahrende/fahrradfahrende Schülerinnen und Schüler besonders aufpassen.
  Schülerinnen und Schüler, die Fahrrad fahren, kommen häufig ausgeruhter in die Schule.
- Auf der Vulkaninsel Lanzarote gibt es keine Feuer speienden/feuerspeienden Berge mehr.
  Der Ätna gehört zu den Vulkanen, die immer wieder Feuer speien.
- Diese Creme ist Haut auffrischend/hautauffrischend.
  Mit dieser Lotion kannst du deine Haut auffrischen.
- Wenn man Eis isst, darf man viele Geschäfte nicht betreten.
  In vielen Geschäften sind Eis essende/eisessende Kunden nicht erwünscht.
- Diese Pflanze gilt als Fleisch fressend/fleischfressend.
  In einigen Ländern gibt es Pflanzen, die Fleisch fressen.

Ü 187
- Wenn es dir wirklich leidtut, solltest du dich entschuldigen.
- Als sie heimkehrte, wurde sie überschwänglich von ihrem Freund begrüßt.
- Wegen der schlechten Witterung muss das Schulfest in der Turnhalle stattfinden.
- Sie beabsichtigte zunächst, an der Veranstaltung nicht teilzunehmen, entschied sich dann aber doch anders.
- Die Schülerinnen und Schüler möchten am Winterwandertag noch einmal eislaufen.

Ü 188
- spazieren gehen: Wenn du Lust hast, können wir jetzt spazieren gehen.
- lesen lernen: Meine Schwester hat bereits vor ihrer Grundschulzeit lesen gelernt.
- liegen bleiben: Er wollte nicht länger im Bett liegen bleiben.
- stecken bleiben: Das Auto ist im Matsch stecken geblieben.
- baden gehen: Möchtest du heute mit mir baden gehen?

Ü 189
- Mein Vater hat versehentlich seinen Koffer am Bahnsteig stehen gelassen.
- Wenn du noch länger im Bett liegen bleibst, verpasst du den Bus.
- Der Junge, den Paula im Urlaub kennen gelernt/kennengelernt hat, kommt aus Frankreich.
- Viele berühmte Personen sind während ihrer Schulzeit sitzen geblieben/sitzengeblieben.
- Wenn es wahr ist, was man sich über Kai erzählt, dann möchte Laura am Samstag unbedingt mit ihm schwimmen gehen.
- Du kannst mich doch nicht einfach so stehen lassen/stehenlassen, nur weil ich anderer Meinung bin!
- Meine Schwester hat bereits mit fünf Jahren lesen gelernt.
- Wegen seiner Erkrankung war die meiste Arbeit wochenlang liegen geblieben/liegengeblieben.
- Hast du die Verabredung schon wieder sausen gelassen/sausengelassen?

Ü 190
- Wenn Marek mit den Hausaufgaben fertig ist, fährt er sofort zu Lea.
- Auf den Zirkus freut Jannes sich immer wieder, obwohl er schon so oft da gewesen ist.
- Du bist so lange fort gewesen, ich kann mich gar nicht mehr richtig an dein Aussehen erinnern.
- Sagst du mir Bescheid, wenn das Mittagessen fertig ist?
- Wenn alles vorbei ist, will er sich ein paar Tage freinehmen.
- Obwohl Piet schon zurück ist, hat er sich noch nicht gemeldet.

Ü 191

Wortgruppe	Zusammensetzung
vor Freude strahlend	freudestrahlend
lang bis zum Knöchel	knöchellang
mehrere Meter hoch	meterhoch
gegen Kälte beständig	kältebeständig
von Angst erfüllt	angsterfüllt
hart wie Eisen	eisenhart
vom Sport begeistert	sportbegeistert

Ü 192

traurig: todtraurig
gefährlich: brandgefährlich
scharf: superscharf
leicht: ultraleicht
alt: uralt
aktuell: brandaktuell

grün: dunkelgrün
dumm: stockdumm
warm: lauwarm
arm: bitterarm
breit: superbreit
schnell: extraschnell

Ü 193

Partizip I oder II	Infinitiv
untergetaucht	untertauchen
irregeleitet	irreleiten
teilhabend	teilhaben
stattgefunden	stattfinden
ferngesehen	fernsehen
heimgekehrt	heimkehren

Ü 194

- Raumfahrzeuge besitzen eine hitzebeständige Schutzschicht, die ein Verglühen beim Eintritt in die Erdatmosphäre verhindert.
- Der aufgeschüttete Berg aus Plastikflaschen war mehrere Meter hoch.
- Ich habe tagelang auf euch gewartet.
- Während der Bauarbeiten wird der Verkehr einspurig über den Standstreifen geführt.
- Das Klima in dieser Region ist vorwiegend feuchtwarm.
- Sie trägt nur supermoderne Kleidung.
- Sein Referat war schwer verständlich/schwerverständlich.
- Schwimmer sollten vor dem Sport keine oder nur leicht verdauliche/leichtverdauliche Speisen zu sich nehmen.
- Sie trug ein blassgrünes Sommerkleid.
- Anna ist ein sportbegeistertes Mädchen.
- Zunächst war er sehr großspurig, dann jedoch nur noch kleinlaut.

- Einen schwerwiegenderen Vorwurf, als den Verein betrogen zu haben, konnte man ihr nicht machen.
- Legt bitte die nicht beschrifteten/nichtbeschrifteten Kopien auf den Tisch.
- Sie erhalten das Formular in dreifacher Ausfertigung.

Ü 195
- Kommst du zurande/zu Rande oder soll ich dir helfen?
- Sie wird so weit laufen, bis sie die Wasserstelle erreicht hat.
- Sie lernte in kurzer Zeit, soweit es überhaupt möglich war, alle Regeln auswendig.
- Kannst du mir anstelle/an Stelle der SMS nicht eine kurze handschriftliche Mitteilung zukommen lassen?
- Von dem Vortrag habe ich gar nichts verstanden.
- Kann ihm irgendjemand helfen? Allein wird er nichts zuwege/zu Wege bringen.
- Es gibt vonseiten/von Seiten der Schulleitung keine Einwände.
- Unterstreiche alle Nomen mithilfe/mit Hilfe eines Lineals.
- Ich bin darüber hinaus der Meinung, dass wir uns zu früh entschieden haben.
- Er schien sich überhaupt nicht über das Geschenk zu freuen.
- Wenn du zu Fuß kommen möchtest, musst du viel Zeit einplanen.
- Ich habe dir doch gar nichts zuleide/zu Leide getan, warum bist du denn so abweisend?
- Der PKW landete aufgrund/auf Grund zu hoher Geschwindigkeit im Straßengraben und überschlug sich.
- Wenn du Fieber hast, solltest du zuhause/zu Hause bleiben.
- Die Sammlung erfolgt zugunsten/zu Gunsten einer Stiftung, die sich um Notleidende kümmert.
- An der Theateraufführung haben mir vor allem die bunten Kostüme gefallen.
- Was du da vor der Klassenversammlung behauptet hast, stimmt überhaupt nicht.

Ü 196
- Sie freute sich darauf, ihn wiederzusehen.
- Er traute sich nicht, sie anzusprechen.
- Er konnte nicht anders, als sie pausenlos anzustarren.
- Ihr fällt es morgens immer schwer, sich aufzuraffen.
- Er konnte es kaum erwarten, seine Abschlussarbeit endlich abzugeben.
- Der Filialleiter entschied, zwei neue Aushilfen einzustellen.

Ü 197
- Es war ganz und gar nicht seine Absicht, den Briefkasten des Nachbarn umzufahren. Es wäre sicherlich besser gewesen, ihn zu umfahren.
- Tim weigerte sich, seinen Fehler einzusehen und sich zu entschuldigen.
- Das junge Paar kann es kaum erwarten, aus der alten, zu klein gewordenen Wohnung auszuziehen und das neue Haus am Stadtrand zu beziehen.

- Nur haben sie keine Lust, ihre Möbel abzubauen und ihr ganzes Hab und Gut in Umzugskisten zu verstauen.
- Der Wanderer bittet den Förster, ihm den Weg zum Hermannsdenkmal zu zeigen.
- Es war seine Aufgabe, dem Spion die geheime Botschaft zu übermitteln.
- Theo nimmt an einem Seminar teil, um endlich seine Flugangst zu überwinden.
- Bevor man eine wichtige Entscheidung trifft, ist es sinnvoll, das Für und Wider abzuwägen und sich genau zu informieren.
- Rosalie begleitet ihre Freundin zum Flughafen, um sie persönlich zu verabschieden und ihr alles Gute für die lange Reise zu wünschen.
- Außerdem verspricht sie ihr, sie in sechs Monaten wieder vom Flughafen abzuholen.

Ü 198 d-Moll; LKW-Fahrer; 18-jährig; Ultraschall-Messgerät; PKW-Versicherung; D-Zug; 12-Zylinder-Motor; Papp-Plakat; x-Achse; Goethe-Allee; 10-Dollar-Schein; Eiskunstlauf-WM; Franz-Josef; Mecklenburg-Vorpommern

Ü 199

Rosenstrauch	–	Ro-sen-strauch
Himmelbett	–	Him-mel-bett
untersuchen	–	un-ter-su-chen
Passbild	–	Pass-bild
flussaufwärts	–	fluss-auf-wärts
Unterwasserkamera	–	Un-ter-was-ser-ka-me-ra
glasig	–	gla-sig
entbehren	–	ent-beh-ren
dagegenhalten	–	da-ge-gen-hal-ten
Bildungspolitik	–	Bil-dungs-po-li-tik
Feierabend	–	Fei-er-abend

Ü 200 **Bartenwale**
Wale und Delfine sind Säugetiere wie wir. Sie ernähren ihre Jungen mit Milch und brauchen Luft zum Atmen. Um sich im kalten Wasser zu schützen, haben sie eine dicke Speckschicht („Blubber") unter der Haut. Es gibt zwei Arten von Walen: Bartenwale und Zahnwale.

Zahnwale
Es gibt 80 Arten von Zahnwalen (zu denen auch die Delfine zählen). Manche sind riesig wie ein Pottwal, andere zierlich wie der nur etwa 1,50 Meter lange Commerson-Delfin. Zahnwale kommen in fast allen Arten von Gewässern vor, sogar in Flüssen.

Meeresdelfine
Delfine sind die kleinsten Mitglieder der Walfamilie. Sie bevölkern alle Meere. Oft sieht man sie, wenn sie Schiffe begleiten oder übermütig in die Luft springen. Sie tauchen nur kurz und kommen alle paar Minuten zum Atmen wieder an die Oberfläche. Große Tümmler, eine der häufigsten Delfinarten, können ungefähr 15 Minuten unter Wasser bleiben. Ähnlich wie Schwertwale werfen sie sich beim Jagen manchmal auf den Strand und wälzen sich wieder ins Wasser zurück.

Der Umlaut ä und der Doppellaut äu   **47**

Ü 91 Schreibe die folgenden Wörter ab und ordne sie dabei in alphabetischer Reihenfolge.

Scheune	heute	leugnen	Efeu	Keule
seufzen	Meute	Seuche	anfeuchten	(sich) scheuen
beschleunigen	Eule	Deutschland	verleumden	Beute
Leute	Kreuz	schleudern	deuten	Steuer

Ü 92 Welche Wörter aus der Liste zuvor findest du waagerecht und senkrecht in dem Buchstabenquadrat? Schreibe sie heraus. Achte dabei auf die Groß- und Kleinschreibung.

Senkrecht: _____

H	E	U	T	E	N	M	L	K	H	G
Z	Y	U	S	E	F	E	U	V	W	S
B	W	V	T	R	Q	K	R	E	U	Z
E	X	S	C	H	E	U	N	E	S	L
U	H	G	F	E	H	G	F	E	E	E
T	K	M	N	K	E	U	L	E	U	U
E	S	U	T	V	X	W	Z	Y	C	G
L	E	U	T	E	D	C	B	A	H	N
H	R	Q	P	O	N	M	L	K	E	E
A	N	F	E	U	C	H	T	E	N	N
G	F	E	D	C	A	E	U	L	E	A

Waagerecht: _____

Ü 93 Schreibe zu den folgenden Wörtern jeweils zwei Wortverwandte auf. Denk daran, dass der Doppellaut eu in allen Formen bestehen bleibt.

Beispiel *keuchen: er keucht, Keuchhusten*

feucht: _____

Steuer: _____

Feuer: _____

Heuchler: _____

treu: _____

Kreuzung: _____

Ü 94 Trage die fehlenden Buchstaben (ä, äu, eu) in die Lücken des folgenden Textes ein.

Die Spuren des Rattenf___ngers

Sehr bekannt ist die Sage vom Rattenf___nger. H___te erinnert noch vieles in Hameln an diesen Mann. Die ___lteste Darstellung der r___tselhaften Geschichte ist auf einem Kirchenfenster zu sehen. Viele Jahre danach hat man ein Glockenspiel gebaut, bei dem sich um Punkt zwölf Uhr der Rattenf___nger, die Kinder und die Ratten zeigen.

Rattenf___nger gibt es h___te wie damals. Aber heute heißen sie Kammerj___ger oder Sch___dlingsbek___mpfer. Der Kammerj___ger kennt Gifte, die nur für Ratten gef___hrlich sind und sie ohne Schmerzen sterben lassen. Er wickelt das Gift in kleine Futterstücke und legt diese in K___sten. Sie sind so eng, dass andere Tiere nicht an das Futter gehen können. Diese K___sten werden unter Z___ne, in G___rten oder in H___ser gelegt. Zu alten Zeiten hat man aber auch versucht, Ratten in verschiedenen Arten von Fallen und Schlingen zu fangen. Das ist jedoch Tierqu___lerei, weil die Ratten n___mlich langsam und mit Schmerzen sterben.

Umlaute und Doppellaute – Überblick

Den Umlaut **ä** schreibt man in der Regel, wenn es Wortverwandte (Wortstamm, Grundwort) mit **a** gibt. Nicht immer ist diese Ableitung vom Wortstamm bzw. von einem Grundwort möglich.	• wärmen – warm • überschwänglich – Überschwang • behände – Hand • prächtig – Pracht • Bär – ? • grässlich – ?
Den Doppellaut (Diphthong) **äu** schreibt man in der Regel, wenn es Wortverwandte mit **au** gibt. Nicht immer ist diese Ableitung vom Wortstamm bzw. von einem Grundwort möglich.	• sich schnäuzen – Schnauze • Häuser – Haus • einbläuen – blau • Gräuel – grauenvoll • sie läuft – laufen • sich räuspern – ? • Säule – ?
Alle anderen Wörter, zu denen es keine Wortverwandten mit au gibt, werden **eu** geschrieben.	• heute • schleudern • Kreuz • Leute • anfeuchten

s-Laute

Stimmhaft oder stimmlos?

> **REGEL**
> Bei den s-Lauten unterscheidet man den **stimmhaften**, gesummten s-Laut und den **stimmlosen**, gezischten s-Laut. Durch deutliches Sprechen kann man die unterschiedlichen Laute unterscheiden.

Beispiel **stimmhaft:** *Rose, lesen, böse*
          stimmlos: *Gras, er frisst, Kuss, sie gießt*

Ü 95 Ordne die folgenden Wörter in die Tabelle ein.

lesen, Reise, Kasse, er fasst, blasen, Fließband, Bremse, Schüssel, fleißig, Masse, gießen, rosig, Fluss, Füße

stimmhafter, gesummter s-Laut	stimmloser, gezischter s-Laut	
s geschrieben	**ss** geschrieben	**ß** geschrieben
lesen	Kasse	...
...	...	

Mit einfachem s geschrieben

> **REGEL**
> Der stimmhafte, gesummte s-Laut wird immer mit einfachem **s** geschrieben.

Beispiel *der Rasen, losen, glasig*

Ü 96 Suche zu den folgenden Wörtern jeweils ein Reimwort mit stimmhaftem s-Laut.

Lose: _____   Reise: _____

grasen: _____   Hase: _____

Besen: _____   Wiese: _____

speisen: _____   brausen: _____

s-Laute

> **REGEL**
> Am Wort- oder Silbenende oder vor einem Konsonanten wird der stimmhafte s-Laut manchmal zu einem stimmlosen s-Laut. Er wird trotzdem mit einfachem **s** geschrieben, weil es verwandte Wörter mit stimmhaftem s-Laut gibt.

Beispiel   das Gras – die Gräser
er liest – lesen

Ü 97   Schreibe zu folgenden Nomen/Substantiven die Pluralformen auf.

Haus: _____   Maus: _____

Laus: _____   Los: _____

Gras: _____   Gleis: _____

Gans: _____   Glas: _____

Ü 98   Bilde zu folgenden Personalformen jeweils den Infinitiv:

er verreist: verreisen   wir hausten: _____

er braust: _____   sie sauste: _____

sie bewies: _____   ihr rast: _____

sie weist an: _____   er niest: _____

sie speisten: _____   ich löste: _____

er las: _____   es blies: _____

das Schaf grast: _____   sie döste: _____

Ü 99   Trage die fehlenden Buchstaben in das folgende Gedicht ein.

Die Le___eratte zum Bücherwurm

Die Le___eratte zum Bücherwurm: Eines, in dem das Schaf gra___t.

„Lie___ mir ein Buch vor!   Eines, in dem wir uns treffen.

Eines, in dem der Rie___e nie___t.   Du und ich.

Eines, in dem der Wind blä___t.   Eines, das du noch nicht

Eines, in dem der Sturm sau___t.   verspei___t hast."

Mit ß geschrieben

> **REGEL**
> Der stimmlose, gezischte s-Laut wird nach langem, betontem Vokal oder Doppellaut **ß** geschrieben (wenn es keine verwandten Wörter mit stimmhaftem s-Laut gibt).

Beispiel *Straße, grüßen, groß*

Ü 100 Schreibe die folgenden Wörter auf und ordne sie dabei in alphabetischer Reihenfolge.

Füße, Gruß, reißen, Grüße, Fuß, Straße, beißen, Maße, groß, Spaß, heiß, rußig, fließen, bloß, genießen, Grieß, Klöße, weiß

Ü 101 Schreibe jeweils die Wörter nebeneinander, die sich reimen, und bilde lustige Verspaare damit.

Mit ss geschrieben

> **REGEL**
> Nach einem kurzen, betonten Vokal wird der stimmlose s-Laut in der Regel **ss** geschrieben.

Beispiel *die Ka**ss**e, der Ku**ss**, me**ss**en, sie mi**sst***

Ü 102 Schreibe zu den folgenden Nomen/Substantiven ein passendes Verb aus der Wortfamilie im Infinitiv und in der 1. Person Singular, Präsens und Präteritum (Imperfekt) auf.

Nomen/Substantiv	Verb im Infinitiv	1. Person Sg. Präsens	1. Person Sg. Präteritum (Imperfekt)
Kuss	küssen	ich küsse	ich küsste
Fass			
Hass			
Pass			

Ü 103 Schreibe zu den folgenden Nomen/Substantiven jeweils die Pluralform auf.

der Fluss:	die Flüsse	der Pass:	_____
die Kasse:	_____	die Gasse:	_____
die Flosse:	_____	das Fass:	_____
der Kuss:	_____	das Schloss:	_____

Ü 104 In den folgenden Wörtern fehlt entweder ss oder ß. Trage die Buchstaben ein. Zeichne vorher unter den vorausgehenden Vokal einen Punkt, wenn dieser kurz ist, und einen Strich, wenn er lang ist. Denk daran, dass ein Doppellaut (Diphthong) immer lang ist.

Beispiel *fließen, nass*

der Imbi___	er fa___t an	die Ka___e	der Ru___
die Gewi___heit	zuverlä___ig	die Gie___kanne	au___en
das Wei___brot	mi___lungen	der Spa___	ein bi___chen
das Weinfa___	die Fü___e	das Flu___bett	er bei___t
der Ri___	sie schie___t	die Bi___wunde	verge___lich

Wechselnde Schreibweisen

> **REGEL**
> Manchmal wechselt bei verwandten Wörtern die Länge der Vokale vor dem s-Laut. Wichtig ist hierbei, dass du die Wörter deutlich aussprichst.

Beispiel *vergessen – ich vergaß – ich habe vergessen*
gießen – ich goss – ich habe gegossen

Ü 105 Trage die fehlenden Verbformen in die folgende Tabelle ein. Sprich die Wörter deutlich aus, um die Vokallänge herauszuhören. Denk daran, dass Doppellaute immer lang ausgesprochen werden.

3. Person Singular Präsens	3. Person Singular Präteritum (Imperfekt)	3. Person Singular Perfekt
es fließt		es ist geflossen
er schießt	er schoss	
		sie hat gebissen

3. Person Singular Präsens	3. Person Singular Präteritum (Imperfekt)	3. Person Singular Perfekt
sie weiß		
		es ist gerissen
er vergisst		
	sie schloss ab	

Ü 106 Trage auch in die folgenden verwandten Wörter die fehlenden Buchstaben ein.

Gie___kanne – gego___en   Flu___ – flie___en   er bei___t – bi___ig

Schlu___ – schlie___en   Gu___ – gie___en   er lie___ – gela___en

Ü 107 Trage die fehlenden Buchstaben in den folgenden Text ein. Es geht entweder um ss oder ß. Sprich die Wörter so deutlich, dass du heraushörst, ob der vorausgehende Vokal kurz oder lang ist.

Erster Schultag in der Prärie

Die Lehrerin will von dem Sohn des gro___en Indianerhäuptlings wi___en, wie er denn hei___e. Dieser antwortet: „Ich hei___e Kleiner-Vogel-der-flei___ig-singt- und-zwitschert- und-von-Baum-zu-Baum-fliegt." „Ein bi___chen lang, dein Name, und leicht zu verge___en", sagt da die Lehrerin. „Wie nennen dich denn deine Freunde?" „Piep!", entgegnet gela___en der Sohn des gro___en Häuptlings.

Ü 108 Bei den folgenden beiden Texten kommen alle drei Schreibweisen vor, also s, ss und ß. Schau dir die Regeln zuvor noch einmal an. Oft hilft es dir auch, die Wörter deutlich auszusprechen.

Wann lebten die Saurier?

Die ersten Saurier bevölkerten vor 225 Millionen Jahren die Erde. Es gab zweifü___ige und vierfü___ige Saurier. Die meisten von ihnen waren Pflanzenfre___er und nur ganz wenige ernährten sich von Fleisch. Sie konnten 30 Meter lang werden und bis zu 30 Tonnen wiegen. Neben den gro___en Dino___auriern gab es auch kleinere, etwa von der Grö___e eines Huhns. Versteinerungen von Knochen und Eiern der Urtiere geben uns Aufschlu___, wie die Saurier aus___ahen und wie sie lebten. Auch wurden schon versteinerte Fu___spuren und Abdrücke ihrer Haut entdeckt.

Die Helgoländer Hau___mau___

Auf Helgoland gibt es eine Hau___mau___, die ganz einzigartig ist. Ganz früher war Helgoland nämlich noch keine ein___ame In___el in der Nord___ee und die Hau___mäu___e lebten dort ein genü___liches Leben in der Nähe der Menschen. Vor etwa 9000 Jahren stieg dann der Meeresspiegel aber an und schnitt den Fleck Erde, der heute Helgoland ist, vom Festland ab. Die Menschen konnten die In___el ohne gro___e Probleme verla___en, aber für die Mäu___e war der Weg zum Festland abgeschnitten. Sie können ja nicht schwimmen. Weil die neu entstandene In___el Helgoland dann ___ehr lange unbewohnt war, hatten die Hau___mäu___e kein Dach mehr über dem Kopf. So mu___ten die Hau___mäu___e, die ja eigentlich darauf trainiert waren, ___ehr komfortabel in Menschennähe zu leben, sich wieder in der Natur zurechtfinden.

Die faulen Hau___mäu___e mu___ten al___o ein ganz schön hartes Outdoor-Training ab___olvieren: selbst jagen und drau___en wohnen und schlafen. Über die Jahrhunderte haben sich die In___elmäu___e so zu einer eigenen Hau___mau___-Art entwickelt. Sie ___ehen noch fast genau___o aus wie ihre Verwandten, haben jetzt aber einen eigenen Namen; sie hei___en „Mus musculus helgolandicus"! Sie unterscheiden sich von der normalen Hau___mau___ vor allem darin, dass sie nicht mehr in Häu___ern wohnen. Obwohl heute auf Helgoland wieder Menschen leben, bleiben die Helgoländer Hau___mäu___e lieber in der freien Natur, als ___ich in die Wohnungen zu schleichen.

Besonderheiten

1. Die Endungen -is, -as, -us, -nis

> **REGEL**
> Wörter mit den Endungen **-is**, **-as**, **-us** und **-nis** werden im Singular immer mit einfachem **s** geschrieben. Im Plural steht jedoch **ss**, wenn der s-Laut bei der Pluralbildung erhalten bleibt.

Beispiel   *das Geheimnis – die Geheimnisse*
der Krokus – die Krokusse
der Atlas – die Atlasse, die Atlanten

Ü 109 Schreibe jeweils die Singular- oder Pluralform der folgenden Nomen/Substantive auf.

Singular	Plural
das Ereignis	
	die Erlebnisse
der Zirkus	
	die Zeugnisse
das Hindernis	

2. Konsonantenverbindungen st, sk, sp

REGEL
In direkter Verbindung mit einem weiteren Konsonanten schreibt man den stimmlosen s-Laut mit einfachem **s** (s. die Regel zur Konsonantenhäufung auf S. 19).

Beispiel Mu**s**kel, li**s**peln, fa**s**t (beinahe), er i**s**t (sein)
Achtung, nicht verwechseln! er fasst (fassen), er isst (essen)

Ü 110 Trage in die folgenden Wörter die fehlenden Buchstaben ein.

die La___en   fa___en   knu___rig

das Fe___   der Ra___platz   ma___ieren

die Blumenkno___e   es ro___et   der Mi___haufen

die Kü___e   du bi___ (sein)   die Ki___e

3. Merkwörter

REGEL
Die Schreibweise einiger Wörter mit einfachem **s** kann nicht durch Regeln erklärt werden. Es sind Merkwörter, die du dir einprägen musst.

Beispiel was, aus, bis, los, es, des, etwas, heraus, bereits, Reis, Mais, vergebens, abends, abwärts …

Ü 111 Welche Merkwörter aus der Liste zuvor passen zu folgenden Umrissen? Schreibe sie darunter.

_____   _____   _____   _____   _____

Das oder dass

Artikel und Pronomen

REGEL
Der Artikel und das Pronomen **das** werden immer mit einfachem s geschrieben.
Im Satzzusammenhang kann es durch **dieses, welches** oder **jenes** ersetzt werden.

Beispiel *Das* Fahrrad gefällt mir. (Artikel) – Dieses/Jenes Fahrrad ...
Das ist eine gute Idee. (Demonstrativpronomen) – Dieses ist ...
Ein Haus, *das* nicht bewohnt ist, sieht manchmal gespenstisch aus. (Relativpronomen) – Ein Haus, welches nicht ...

Ü 112 Schreibe die folgenden Sätze neu auf. Ersetze dabei den Artikel oder das Pronomen durch dieses, welches oder jenes.

- Das habe ich besonders gern gegessen.
- Oskar hat das Taschenmesser im Fachhandel gekauft.
- Rosalie hat das Lied, das sie uns vorgetragen hat, selbst komponiert.
- Sie hat ihr Kaninchen, das sie zum Geburtstag geschenkt bekommen hat, Pauline genannt.
- Der Autofahrer konnte das Motorrad erst im letzten Moment sehen.
- Das hätte ich nicht von dir erwartet!

Konjunktion

REGEL
Die Konjunktionen **dass** oder **sodass (so dass)** leiten einen Nebensatz/Gliedsatz ein und werden immer mit **ss** geschrieben.

Beispiel Ich wundere mich, **dass** du schon hier bist.
Er stürzte schwer, **sodass (so dass)** man ihn ins Krankenhaus bringen musste.

Ü 113 Ergänze die folgenden Hauptsätze jeweils durch einen Nebensatz/Gliedsatz, der mit der Konjunktion *dass* eingeleitet wird.

- Ich hoffe, dass _____.
- Louis behauptet, _____.
- Ulli ist der Meinung, _____.
- Wir bedauern, _____.
- Du hast erreicht, _____.
- Sie war so müde, _____.

Ü 114 Bestimme, ob es sich bei den fett gedruckten Wörtern jeweils um einen Artikel (Art.), ein Relativpronomen (Rel.), ein Demonstrativpronomen (Dem.) oder eine Konjunktion (Konj.) handelt. Schreibe die Lösung in die Klammern, die hinter den fett gedruckten Wörtern stehen.

- **Das** (_____) Hinweisschild, **das** (_____) vor dem Stadion steht, ist eindeutig: „**Das** (_____) Abbrennen von Feuerwerkskörpern ist untersagt!"
- Darüber, **dass** (_____) du mich zum Essen einlädst, freue ich mich riesig.
- Marie hat ihrer Schwester Ella ausnahmsweise erlaubt, **dass** (_____) sie ihre Bastelschere benutzen darf.
- **Das** (_____) hat vor allem ihren Vater sehr überrascht.
- Wir kennen uns schon so lange, **dass** (_____) du mir vertrauen kannst, **dass** (_____) ich **das** (_____) Geheimnis nicht verrate.
- Rosalie würde gerne **das** (_____) kleine Kino, **das** (_____) am Marktplatz neu eröffnet wurde, besuchen.
- Er hört seine Oma schon von Weitem rufen: „**Das** (_____) darf doch wohl nicht wahr sein!"

Ü 115 Trage in die folgenden Lücken entweder *das* oder *dass* ein. Überlege jeweils, ob das Wort durch *dieses*, *welches* oder *jenes* ersetzt werden kann bzw. um welche Wortart (Artikel, Pronomen, Konjunktion) es sich handelt.

- _____ Schiff, _____ in der letzten Woche gesunken ist, hatte keinen Lotsen an Bord.
- Ich habe _____ gar nicht bedacht.
- Er erwartet, _____ ihr bereits am frühen Morgen kommt.
- Ihr müsst verstehen, _____ wir dieses Bild nicht verkaufen möchten.
- Ich werde nie begreifen, _____ du _____ getan hast.
- Er wurde belohnt, ohne _____ er es verdient gehabt hätte.
- Ich war der Meinung, _____ _____ Geld mir gehöre.
- Öffne _____ Paket, _____ dir der Postbote gebracht hat, bitte erst morgen.

Ü 116 Trage auch in den folgenden Text *das* oder *dass* ein.

Michael Ende
Momo beherrscht eine seltsame Kunst

Was die kleine Momo konnte wie kein anderer, _____ war zuhören. Ist doch nichts Besonderes, wird vielleicht mancher Leser sagen, zuhören kann doch jeder. Aber _____ ist ein Irrtum. Wirklich zuhören, _____ können nur ganz wenige Menschen. Und so wie Momo sich auf _____ Zuhören verstand, war es ganz und gar einmalig. Momo konnte so zuhören, _____ dummen Leuten plötzlich sehr gescheite Gedanken kamen. Nicht etwa, _____ sie etwas sagte oder fragte, was den anderen auf solche Gedanken brachte, nein, sie saß nur da und hörte einfach zu, mit aller Aufmerksamkeit und aller Anteilnahme. Dabei schaute sie den anderen mit ihren großen, dunklen Augen an und der Betreffende fühlte, wie in ihm auf einmal Gedanken auftauchten, von denen er nie geahnt hatte, _____ sie in ihm steckten.

Sie konnte so zuhören, _____ ratlose oder unentschlossene Leute auf einmal ganz genau wussten, was sie wollten. Oder _____ Schüchterne sich plötzlich frei und mutig fühlten. Oder _____ Unglückliche und Bedrückte zuversichtlich und froh wurden. So konnte Momo zuhören.

s-Laute im Überblick

s	Der stimmhafte, gesummte s-Laut wird mit einfachem **s** geschrieben.	• Do**s**e • le**s**en • gla**s**ig
	Der stimmlose, gezischte s-Laut wird mit einfachem **s** geschrieben, wenn es verwandte Wörter mit **s** gibt.	• Gra**s** – Grä**s**er/gra**s**en • er lie**s**t – le**s**en
	In Konsonantenverbindungen wie **sk**, **st** oder **sp** wird der **s**-Laut mit einfachem **s** geschrieben.	• Mu**s**kel • Ta**s**te • ra**s**peln
ss	Nach kurzem, betontem Vokal wird der stimmlose s-Laut meist **ss** geschrieben.	• Ka**ss**e • Flu**ss** • gefa**ss**t
ß	Nach langem, betontem Vokal oder Doppellaut/Zwielaut wird der stimmlose s-Laut **ß** geschrieben, wenn es keine verwandten Wörter mit s gibt.	• gro**ß** • Fü**ß**e • gie**ß**en • au**ß**en
das oder **dass**	Der Artikel oder das Pronomen *das* werden mit einfachem **s** geschrieben.	• **das** Auto • Sie will **das**. • **Das** Haus, **das** hier stand, wurde abgerissen.
	Die Konjunktionen *dass* oder *sodass (so dass)* werden mit **ss** geschrieben.	• Ich weiß, **dass** es geht.

Gleich oder ähnlich klingende Konsonanten

Einige gleich oder ähnlich klingende Laute in der deutschen Sprache werden durch unterschiedliche Buchstaben wiedergegeben. In diesem Kapitel geht es um die Schreibweise ausgewählter Konsonanten und um einige Tipps, wie du dieses Rechtschreibproblem lösen kannst.

b – p

REGEL
Die Laute **b** und **p** klingen im Wortinnern und am Wortende häufig gleich. Die richtige Schreibweise bekommst du heraus, wenn du zu dem jeweiligen Wort verwandte Wortformen (Ableitungen, Verlängerungen) suchst.

Beispiel er gibt – geben   Lob – loben   Diebstahl – Diebe
er hupt – hupen   plump – plumper

Ü 117 Trage in die folgenden Wörter jeweils b oder p ein. Sprich zuvor verwandte Wortformen, die dir die Schreibweise verdeutlichen.

Erlau___nis   er ga___   es pie___t   hal___
er er___t   Kör___chen   sie erle___t   Kal___
er pum___t   sel___st   her___   tau___
es verdir___t   er trie___   sie stül___t   am lie___sten
Gra___   sie sie___t   er vertrei___t   gel___

REGEL
Die Schreibweise einiger Wörter mit **b** oder **p** im Wortinnern oder am Wortende kannst du nicht erklären, indem du ableitest oder verlängerst. Du musst sie dir einprägen.

Beispiel Her**b**st, Gi**p**s

Merkwörter mit b
Krebs   obwohl   Herbst   Obdach
Publikum   Obst   Knoblauch   abfahren
hübsch   Abt   Erbse   Obhut

Gleich oder ähnlich klingende Konsonanten 61

Ü 118 Schreibe die Wörter, die auf S. 60 aufgelistet sind, ab und ordne sie dabei in alphabetischer Reihenfolge.

Ü 119 Hier ist die Reihenfolge der Buchstaben durcheinandergeraten. Schreibe die Wörter in der richtigen Form auf.

sbreK: _____   bsterH: _____   sebEr: _____

schübh: _____   kumiblPu: _____   tbA: _____

chuaKlbon: _____   hutOb: _____   owbolh: _____

Merkwörter mit p

Raps	Schlips	Knirps	September
Schnaps	Haupt	Mops	Klempner
Rezept	Kapsel	Stöpsel	

Ü 120 Schreibe die Wörter ab und ordne sie dabei in alphabetischer Reihenfolge.

Ü 121 Stelle auch hier die richtige Buchstabenfolge wieder her und schreibe die Wörter auf.

ptezRe: _____   Huatp: _____   aKpsle: _____

rebemtpSe: _____   Msop: _____   Shcilsp: _____

g – k

> **REGEL**
> Die Laute **g** und **k** klingen im Wortinnern oder am Wortende ebenfalls häufig gleich. Auch hier kannst du die Schreibweise herausfinden, indem du verwandte Wortformen (Ableitungen, Verlängerungen) bildest.

Beispiel   Berg – Berge   er legt – legen
              Kork – Korken   es wirkt – wirken

Ü 122 Trage in die folgenden Wörter die fehlenden Buchstaben ein. Sprich zuvor verwandte Wortformen, die dir die Schreibweise verdeutlichen.

Zwer___   Lü___ner   Kal___   Dachbal___en

sie mer___t es   Käfi___   Hasenja___d   Vol___

Betru___   Fal___e   Pfenni___   Knochenmar___

Gleich oder ähnlich klingende Konsonanten

es stei___t	Bur___	We___	Musi___
sie schlä___t	er re___t sich auf	gepfle___t	besie___t
er predi___t	erledi___t	Kran___heit	sie fra___t
er len___t	er sin___t laut	Parkban___	das Schiff sin___t
Gelen___	Anfan___	Dan___sagung	Rin___

> **REGEL**
> Bei einigen Wörtern mit **g** im Wortinnern oder am Wortende kannst du die Schreibweise nicht durch Ableiten oder Verlängern erklären. Du musst sie dir einprägen.

Beispiel Bug, Essig, Honig, leugnen, Magd, Reisig, Kuchenteig, rücklings

Ü 123 Zeichne wie in dem Beispiel zu den Wörtern die passenden Umrisse.

Bug	leugnen	Magd
Essig	Reisig	rücklings
Honig	Kuchenteig	

-ig, -lich oder -isch

> **REGEL**
> Bei Wörtern mit den Wortbausteinen **-ig**, **-lich** und **-isch** hilft dir die Verlängerung, um richtig zu schreiben.

Beispiel luftig – luftige Kleidung
mündlich – mündliche Abmachung
diebisch – diebische Elster

-ig

Ü 124 Bilde wie in dem Beispiel zu folgenden Nomen/Substantiven ein Adjektiv mit dem Baustein -ig und schreibe die Wortpaare auf. Verwende das Adjektiv anschließend, um ein Nomen/Substantiv näher zu kennzeichnen. Das Adjektiv übernimmt dabei die Aufgabe eines Attributs.

Berg, Blume, Nebel, Dunst, Ecke, Salz, Durst, Geiz, Riese, Mehl, Rose, Holz, Fluss

Beispiel Berg – bergig – bergige Landschaft

Gleich oder ähnlich klingende Konsonanten

-lich

Ü 125 Bilde wie in dem Beispiel zu folgenden Nomen/Substantiven und Adjektiven ein Adjektiv mit dem Baustein -lich und schreibe die Wortpaare ebenfalls auf. Verwende auch diese Adjektive als Attribut für ein passendes Nomen/Substantiv.

Herbst, Vater, Brief, Freund, Mund, braun, süß, Mensch, rot, Sommer, Gott, Sache, Stunde

Beispiel   Herbst – herbstlich – herbstliche Stimmung

-isch

Ü 126 Arbeite wie in den beiden Übungen zuvor und bilde Adjektive mit dem Baustein -isch.

Sturm, Neid, Teufel, Dieb, Regen, Kind

Beispiel   Sturm – stürmisch – stürmische Nacht

d – t

REGEL

Die Laute **d** und **t** klingen am Silben- oder Wortende gleich. Auch hier bekommst du die richtige Schreibweise häufig heraus, wenn du zu jedem Wort verwandte Formen suchst.

Beispiel   Bild – Bilder   es wird – werden   rund – runde Figuren
             Heft – Hefte   sie rät – raten   bunt – bunte Bilder

Ü 127 Trage in die folgenden Wörter jeweils d oder t ein. Sprich zuvor verwandte Wortformen, die dir die Schreibweise verdeutlichen.

Schul___	Aben___	freun___lich	Gebe___
Häf___ling	vermu___lich	Geheimbun___	gesun___
bun___	San___grube	wer___voll	Ra___geber
Schwer___	jeman___	Bil___nis	Gedul___
Klei___	län___lich	Bro___	Pfun___
mu___willig	en___lich	sie ba___ mich	er rie___ mir
berei___	gemü___lich	geschei___	rö___lich

REGEL
Die Schreibweise einiger Wörter mit **d** oder **t** kannst du nicht herausfinden, indem du verwandte Wortformen bildest. Du musst sie dir einprägen.

Beispiel *irgendwo, etwas*

Merkwörter mit d
bald	eilends	während	niedlich
nirgends	Ordnung	Mädchen	irgendwo
Versand	jugendlich	Widmung	irgendein

Ü 128 Welche Merkwörter mit d aus der Liste sind in dem folgenden Buchstabenquadrat senkrecht oder waagerecht enthalten? Schreibe sie heraus. Achte dabei auf die Groß- und Kleinschreibung.

Senkrecht: _____

_____

_____

_____

_____

Waagerecht: _____

_____

_____

_____

I	A	I	R	G	E	N	D	E	I	N
R	C	E	I	L	E	N	D	S	J	I
G	E	B	H	G	F	E	D	Z	U	E
E	F	A	K	P	Q	R	C	Y	G	D
N	H	L	L	O	V	S	B	X	E	L
D	K	D	M	N	U	T	A	W	N	I
W	M	Ä	D	C	H	E	N	V	D	C
O	R	D	N	U	N	G	U	A	L	H
D	F	W	Ä	H	R	E	N	D	I	S
W	V	G	H	K	L	M	N	O	C	Q
N	I	R	G	E	N	D	S	P	H	R

Merkwörter mit t
rutschen	quietschen	etwas	Lotse
Gletscher	Peitsche	insgesamt	allesamt

Ü 129 Welche Wörter aus der Liste passen zu den folgenden vier Umrissen? Schreibe sie daneben.

End-/-end-, Ent-/ent-

REGEL
Hier musst du unterscheiden, ob der Bestandteil betont ist und sich auf das Nomen/Substantiv **Ende** und dessen Bedeutung bezieht oder ob es sich um die unbetonte Vorsilbe **ent-** handelt.

1. Bedeutung: Ende (betont)

Beispiel **End**spurt *(ein Spurt am Ende eines Laufs)*
be**end**en *(zu Ende führen)*

2. Bedeutung: Vorsilbe ent-

Beispiel **Ent**scheidung *(unbetonte Vorsilbe)*
sich **ent**zünden *(unbetonte Vorsilbe)*

Ü 130 Trage in die Lücken die fehlenden Buchstaben ein. Überlege zuvor, ob das Wort mit der Bedeutung *Ende* zusammenhängt und die entsprechende Silbe betont ist oder ob es sich um die unbetonte Vorsilbe *ent-* handelt.

En___station	en___gegen	En___lassung	en___gültig
en___lich	En___spannung	en___gleisen	En___silbe
En___schuldigung	unen___lich	En___summe	en___weder
en___los	en___sprechen	been___et	En___ergebnis
en___täuscht	en___hüllen	En___spurt	en___fliehen

REGEL
Von den Fällen zuvor sind noch zwei weitere Schreibweisen zu unterscheiden.

1. Der Wortbaustein **-end**, mit dem das Partizip I gebildet wird. Wenn du das Wort verlängerst, hörst du, wie es geschrieben wird.

Beispiel brennen – brenn**end** – brenn**end**e Hölzer

Ü 131 Bilde zu den folgenden Verben das Partizip I, indem du wie zuvor im Beispiel gezeigt die Nachsilbe -end an den Wortstamm anhängst. Verwende das Partizip wie im Beispiel als Attribut für ein Nomen/Substantiv.

Infinitiv	Partizip I	
laufen	laufend	laufende Kosten
fahren		
singen		
feiern		
jubeln		
schreien		
lachen		

2. Adjektive oder Adverbien, bei denen zwischen Wortstamm und der Endung -lich ein **t** als Verbindung steht.

Beispiel *eigen-t-lich*

Ü 132 Bilde zu den Wörtern verwandte Formen mit dem Wortbaustein -lich.

Name: _____

Woche: _____   flehen: _____

Ordnung: _____   Versehen: _____

Wesen: _____   hoffen: _____

Ü 133 In den folgenden Texten findest du bei einzelnen Lauten jeweils zwei Schreibweisen. Streiche die falsche durch. Fast immer kannst du dir helfen, indem du die Wörter verlängerst bzw. veränderst.

Unglaublich/g
Ein Hase begegnet/d einem zottigen Hunt/d. „Was bist du für ein Tier?" – „Ein Wolfshund/t. Meine Mutter ist ein Wolf, mein Vater ein Hund/t." Der Hase läuft fort und trifft auf seinem Weg/k ein Muli. „Was bist du für ein Tier?" – „Ich bin ein Maultier. Mutter Esel, Vater Pfert/d." Der Hase läuft weiter und begegnet/d noch einem Tier, das er merkwürdig/k findet. „Was bist du für ein Tier?" – „Ein Ameisenbär." – „Ne, das glaup/b ich nicht."

In Wüste und Savanne

Wasser ist kostbar, besonders für Tiere, die in Savannen, Wüsten und Graslant/dschaften leben. Sie haben die unterschiet/dlichsten Fähigkeiten entwickelt, mit wenig/k Wasser auszukommen und das Wasser, welches es in der Wüste nur sehr spärlich/g gib/pt, aufzuspüren. Oft/d kommen sie erst in der Kühle der Nacht/d aus Ert/dlöchern und nutzen ihre gut ausgepräg/kten Sinne für die Jag/kd in der Dunkelheit. Kommt ihnen dabei ein anderes Tier in die Quere, wirt/d es eingeschüchtert – mal mit Scherenhänden, mal mit lautem Zischen. Doch nie wirt/d ohne Grund angegriffen.

Stadt/stadt – Statt/statt

REGEL
Hier kommt es darauf an, dass du die jeweilige Bedeutung unterscheidest.

1. Stadt: größerer Ort

Beispiel *Großstadt, Stadtteil, Vorstädte, städtisch*

Ü 134 Bilde zusammengesetzte Wörter mit *Stadt-/-stadt* oder *Städte-* und den folgenden Bestandteilen. Achte beim Aufschreiben jeweils auf die Wortart.

Industrie-, Vor-, Klein-, -isch, -mauer, -partnerschaft, -theater, Kreis-, -freundschaft, -bekannt

2. Statt: Stelle, Platz

Beispiel *Ruhestatt, Gaststätte, stattfinden, anstatt*

Ü 135 Bilde in gleicher Weise Zusammensetzungen mit *Statt-/statt-* oder *Stätte-*. Achte auch hier auf die Wortart.

-dessen, -halter, -finden, Rast-, -lich, -haft, an-, -geben, Gast-

tot – Tod/tod-

REGEL
Das Adjektiv **tot** wird immer mit **t** geschrieben, das Nomen/Substantiv **Tod** mit **d**. Bei Wörtern, die mit den Bestandteilen tot- oder tod- zusammengesetzt sind, kannst du dir bei der Schreibweise mit den folgenden Regeln helfen:

1. Zusammengesetzte Verben und daraus gebildete Partizipien werden meist mit tot- gebildet.

Beispiel tottreten, sich totärgern, totsagen, totgesagt

2. Zusammengesetzte Adjektive werden meist mit tod- gebildet, wenn dieser Bestandteil vorn steht.

Beispiel todkrank, todsicher, todmüde

3. Die Schreibweise kannst du manchmal auch erklären, wenn du auf die Bedeutung achtest und überlegst, ob sich die Zusammensetzung auf das Nomen/Substantiv Tod, auf das Adjektiv tot oder auf das Verb töten bezieht.

Beispiel Totschlag – ein Schlag, der tötet
mausetot – tot wie eine Maus

todsicher – so sicher wie der Tod
todkrank – zu Tode krank

Ü 136 Wende die Regeln zuvor an und trage die fehlenden Buchstaben ein.

To___esanzeige   to___müde   to___sicher   To___esangst

mauseto___   sich to___lachen   to___getreten   to___schweigen

to___krank   to___unglücklich   halb___   To___enstille

seid – seit

REGEL

Hier musst du unterscheiden, ob es sich um eine gebeugte (konjugierte) Form des Hilfsverbs **sein** handelt oder um eine Präposition bzw. Konjunktion, die einen zeitlichen Zusammenhang verdeutlicht.

1. Form des Hilfsverbs sein

Beispiel Ihr seid schon hier?

2. Präposition oder Konjunktion, zeitlich gebraucht

Beispiel Sie ist seit gestern hier.
Es ist, seitdem wir uns gesehen haben, viel passiert.

Gleich oder ähnlich klingende Konsonanten

Ü 137 Trage die fehlenden Buchstaben in die Lücken ein.

- Sei___ ihr etwa immer noch nicht fertig?
- Ich bin sei___ mehreren Jahren nicht mehr in dieser Stadt gewesen.
- Sei___ bitte etwas leiser, ich möchte telefonieren!
- Sei___ die Verkehrsberuhigung in unserem Viertel vorgenommen wurde, ist es viel angenehmer, hier zu wohnen.
- Ihr sei___ meine besten Freunde.
- Erst sei___ gestern hat das Schwimmbad wieder geöffnet.

f – v – pf

> **REGEL**
> Eine Regel zur Schreibung dieser fast gleich klingenden Laute gibt es nicht. Du musst dir die Wörter einprägen und wie immer im Zweifelsfall im Wörterbuch nachschlagen.

Wörter mit f

fallen	frech	Ferse	Elefant
fehlen	Fehler	Fortsetzung	Familie
Fasan	flink	Frühling	folgen
fordern	Schwefel	Ferien	fett
fortfahren	Feile	Forderung	fertig
Efeu	anfertigen	Sofa	Elfenbein
formen	fremd	Film	Figur

Ü 138 In den Kästen findest du Wörter aus der Liste zuvor. Finde sie heraus und schreibe sie auf.

E t	c r	a f e	r f
e n	f h	l l	m
a f l	e	n	d e

_____ _____ _____ _____

Gleich oder ähnlich klingende Konsonanten

S h		E e	t r o
w c	o S		f a h e
f l e e	f a	u f	r f n

_____   _____   _____   _____

Ü 139 Schreibe alle Infinitive aus der Liste auf S. 69 heraus und bilde wie in dem Beispiel jeweils die 1. Person Singular im Präsens und Präteritum/Imperfekt.

Beispiel *fallen – ich falle – ich fiel*

Achtung: Wörter mit ph, wie f gesprochen, findest du im Kapitel Fremdwörter, S. 74.

Wörter mit v
Hierzu gehören auch Wörter, in denen der v-Laut wie w gesprochen wird.

Beispiel *Universität, Vene, Vulkan, Violine*

(sehr) viel	vor	von	völlig
Vase	November	brav	vier
vielleicht	naiv	Volk	Vogel
Klavier	Pulver	nervös	Violine
Vater	privat	Vetter	Larve
Ventil	Provinz	Vulkan	Vanille
dividieren	Vegetarier	Kurve	Revolution

Ü 140 Übertrage folgende Tabelle in dein Heft und schreibe die Wörter entsprechend in die Spalten.

Wörter mit v – wie f gesprochen	**Wörter mit v – wie w gesprochen**
(sehr) viel	Vase
…	…

Ü 141 Welche der Wörter oben passen zu den folgenden Umrissen? Schreibe sie daneben.

REGEL
Mit v werden ebenfalls einige Vorsilben geschrieben, mit denen Wörter gebildet werden.

1. Die Vorsilbe Ver-/ver-

Beispiel *Ver*such, *ver*suchen

Ü 142 Bilde zu den folgenden Nomen/Substantiven passende Verben aus der gleichen Wortfamilie mit der Vorsilbe ver-.

Gift, Miete, Verlust, Versprechen, Verrat, Verhör, Verstoß, Verkehr, Biegung, Verschluss

2. Die Vorsilbe Vor-/vor-

Beispiel *Vor*name, *vor*her, *vor*tragen

vorher	vorbildlich	Vorsicht	vorkommen
Vorteil	voraus	vorsagen	vorsichtig
Vorbild	vorteilhaft	Vormittag	vorladen

Ü 143 Die Liste zuvor enthält drei Nomen/Substantive, zu denen jeweils ein Adjektiv passt, das ebenfalls in der Liste steht. Schreibe die Wortpaare auf.

3. Die Vorsilbe Viel-/viel-

Beispiel *viel*mals, *Viel*fraß, ver*viel*fältigen

vielfach	vielstimmig	vielleicht	Vieleck
vielfältig	Vielfalt	vielseitig	vieldeutig

Ü 144 Ergänze die folgenden Sätze, indem du jeweils eines der Wörter zuvor einsetzt.

- Es ist nicht sicher, ob ich komme; aber _____ schaffe ich es noch.

- Mit diesem Werkzeug können Sie fast alles machen, so _____ verwendbar ist es.

- Seine Ausführungen waren so _____, dass anschließend einiges im Unklaren blieb.

- Ein _____ ist eine geometrische Figur.

Wörter mit pf

Pfanne	Pferd	Pflug	pflücken	Pflicht
Pfahl	Pfund	Pfeil	Pfand	Pfeffer
Pfennig	Pfusch	Pfote	Pfad	Pfarrer

Ü 145 Suche zu jedem Wort ein passendes aus der Wortfamilie und schreibe die Paare auf.

Beispiel *Pfanne – Pfannkuchen*

x – cks – ks – gs – chs

REGEL
Wörter mit diesen Lauten musst du dir ebenfalls einprägen. Ihre Schreibweise kann man nicht durch Regeln erklären.

Wörter mit x

Axt	extra	Boxer	Taxi
Text	Praxis	mixen	Hexe
Experte	Luxus	Nixe	Examen
Plexiglas	Experiment	fix	Export

Wörter mit cks

| Klecks (von kleckern) | Knicks (von knicken) | hinterrücks (von Rücken) |
| Häcksel (von hacken) | stracks (von gestreckt) | |

Wörter mit ks

| Koks | links | Keks |

Wörter mit chs

Lachs	Wachs	Luchs	Ochse
Fuchs	Dachs	Buchsbaum	Gewächs
wechseln	Eidechse	Abwechslung	Sachsen
Achse	Achsel	sechs	Deichsel
Drechsler	Wachstum	Flachs	Büchse

Ü 146 Trage in die folgenden Beispielsätze die fehlenden Buchstaben ein. Es handelt sich nur um Wörter aus den Listen zuvor. Schau also nach, wenn du dir nicht sicher bist.

- „Den Berg werden wir mit lin_____s schaffen!", rief Lasse übermütig.

- Die A_____t im Haus erspart den Zimmermann, sagt ein altes Sprichwort.

- Ausnahmsweise ging bei diesem E_____periment nichts daneben.

- Fu_____ und Da_____ spielen in dem Kinderbuch „Als die Tiere den Wald verließen" eine Hauptrolle. Ein Lu_____ kommt darin nicht vor.
- Früher wurde der Pflug häufig von einem O_____en gezogen.
- Das Wort „Te_____t" kommt aus dem Lateinischen und bedeutet „das Gewebte", „das Gestrickte".
- Können Sie mir bitte das Geld für den Parkscheinautomaten we_____eln?
- Eide_____en liegen besonders gern in der Sonne.
- Früher mussten Mädchen einen Kni_____ machen, wenn sie einen Erwachsenen begrüßten.
- Fi_____e Ni_____en sind angeblich E_____pertinnen für kalte und warme Mi_____getränke.
- Bestellen Sie mir bitte für 23.00 Uhr ein Ta_____i.
- Erst drückte er jeden Klingelknopf, dann verließ er flu_____ das Gelände.
- Hinterrü_____ wurde er von den dreisten Dieben angefallen und ausgeraubt.

Fremdwörter

> **REGEL**
> Eine einheitliche Regelung für die Schreibweise von Fremdwörtern gibt es nicht. Zum Teil orientiert sich die Rechtschreibung an den Regeln der Herkunftssprache. Einige Fremdwörter, die zum festen Bestandteil der deutschen Sprache geworden sind, können jedoch auch in einer eingedeutschten Form geschrieben werden. Im Zweifelsfall solltest du immer im Wörterbuch nachschauen.

Die folgenden Wörterlisten enthalten einige Beispiele für typische Schreibweisen von Fremdwörtern. Sind mehrere Schreibweisen möglich, werden beide aufgeführt. Weitere Hinweise zur Fremdwortschreibung erhältst du auch in den anderen Kapiteln dieses Buches.

th – ph – rh

th

Thema	These	Theke	Theater
Apotheke	Therapie	Asthma	Thermostat
Theologie	Mathematik	Theorie	Methode
Diphthong	Rhythmus	Kathedrale	Sympathie
Panther/Panter	Thunfisch/Tunfisch		

ph

Strophe	Physik	Philharmonie	Atmosphäre
Phantom	Asphalt	Phase	Metapher
Pharisäer	Triumph	Apostroph	Katastrophe

Gebräuchliche Wörter mit den Bestandteilen „graph"/„graf"; „phot"/„fot"; „phon"/„fon" können oftmals auf zweifache Weise geschrieben werden. Die bevorzugte Schreibweise steht jeweils an erster Stelle.

Fotografie/Photographie	Saxofon/Saxophon	Megafon/Megaphon
Biografie/Biographie	Geografie/Geographie	Orthografie/Orthographie
Grafik/Graphik	Paragraf/Paragraph	Choreografie/Choreographie
Mikrofon/Mikrophon	Delfin/Delphin	Topografie/Topographie

Achtung: In fachsprachlichen Wendungen bleibt die ursprüngliche Schreibweise erhalten.

Beispiel *Der Graph (grafische Darstellung in der Mathematik)*

rh

Rhabarber	Rhinozeros	Rhetorik	Rhythmus
Rhapsodie	Rhombus	Rheuma	Rhesusaffe
Rhein	Rhodos	Rhone	Rhön
Katarrh (Katarr)	Myrrhe (Myrre)		

Ü 147 Schreibe mithilfe eines Wörterbuchs eine kurze Erklärung zu den unterstrichenen Fremdwörtern auf.

Beispiel *These: Behauptung, Leitsatz*

Ü 148 Welche Fremdwörter passen zu den folgenden Abbildungen? Schreibe sie daneben.

 _____  _____

 _____  _____

 _____  _____

ch am Anfang eines Wortes

gesprochen wie sch

Champagner	charmant (scharmant)	Chauffeur	Chef
Chiffre	Chance	Chanson	Champignon
Chicoreé (Schikoree)	Charme (Scharm)		

gesprochen wie k

Chaos	Christ	Chrom	chronisch
Charakter	Christbaum	Chronik	Chlor
Chor	christlich	Chamäleon	Orchester

gesprochen wie ch

Chemie   Chinin   China   Chirurg

Ü 149 Schreibe mithilfe eines Wörterbuchs eine kurze Erklärung der unterstrichenen Fremdwörter auf.

Ü 150 Zeichne neben folgende Fremdwörter wie in dem Beispiel den passenden Umriss.

Chance   Chef

Charakter   Chlor

chronisch   christlich

g und j

g wie sch gesprochen

Genie	Passagier	genieren	Page
Gendarm	Ingenieur	Etage	Gelee
Garage	leger (lässig)	Montage	Bandage

j wie sch gesprochen

Jargon	Journalist	Jalousie	Jongleur
Journal	Jeton	jonglieren	Jet

Ü 151 Ergänze die folgenden Sätze, indem du ein passendes Wort aus den beiden Listen zuvor einsetzt.

- Elmar möchte später als _____ bei einer Zeitung arbeiten.
- Am Abend sollte man sein Auto in die _____ fahren.
- Familie Flügel hat eine Wohnung in der neunten _____ gemietet.
- Rosalie kann mit fünf Bällen _____.
- Hannes größter Wunsch ist es, einmal selbst einen Düsen_____ zu fliegen.

c vor e; t vor j

c vor e – s gesprochen

Balance   Annonce   Service   Sauce (Soße)

t vor i – z gesprochen

Ration	Aktie	Operation	Aktion
Nation	Portion	Integration	Patient
Inflation	Kaution	Station	Generation
Konfektion	Auktion	Konjunktion	Fiktion

Auch hier können einige Wörter auf zweifache Weise geschrieben werden:

Existenzialismus/Existentialismus
existenziell/existentiell
Potenzial/Potential
potenziell/potentiell
substanziell/substantiell

Ü 152 Schreibe auch hier mithilfe eines Wörterbuchs eine kurze Erklärung der unterstrichenen Wörter in der Liste auf S. 76/77 auf.

Fremdwörter aus dem Englischen

> **REGEL**
> Zahlreiche Wörter, die wir täglich verwenden, stammen aus dem Englischen. Dabei richtet sich die Schreibweise häufig, aber nicht immer, nach der Ursprungssprache.

Beispiel *Smartphone, Laptop, Computer, City*

Ü 153 Im Folgenden findest du eine Liste gebräuchlicher Fremdwörter aus dem Englischen. Ordne die Wörter in die Spalten der Tabelle ein. Wenn du dir unsicher bist, schau im Wörterbuch nach. Einige Fremdwörter kannst du mehrfach zuordnen.

Aerobic, Laptop, Laser, Fitness, Hockey, Bungeejumping, CD-Player, Software, online, Basketball, Dunking, Manager, Service, Hamburger, Steak, Foul, Toast, Badminton, Mindmap, Manager, Cheeseburger, jobben, Cocktail, Barbecue, Ketschup (Ketchup), Smartphone, Display

Sport	Technik	Geschäftswelt	Essen und Trinken

Sport	Technik	Geschäftswelt	Essen und Trinken

> **REGEL**
> Anders als im Englischen erhalten Wörter mit der Endung **y** im Plural ein s angehängt. Das Englische verlangt die Endung **ies**.

Beispiel   *Baby – Babys*

Ü 154   Schreibe zu den folgenden Wörtern die Pluralform auf, wie sie im Deutschen verwendet wird.

das Baby – _____

die City – _____

das Pony – _____

der Buggy – _____

der Whisky – _____

der Rowdy – _____

der Cowboy – _____

das Hobby – _____

das Handy[1] – _____

---

[1] Achtung: Das Wort Handy kennen die Engländer nicht als Bezeichnung für ein Mobiltelefon.

Zwei Schreibweisen für Fremdwörter

> **REGEL**
> Du hast zuvor bereits erfahren, dass es bei einigen Fremdwörtern zwei zulässige Schreibweisen gibt. Im Folgenden findest du eine solche Liste weiterer Fremdwörter in alphabetischer Reihenfolge (1. Spalte).

Schreibweise 1	Schreibweise 2
Bravur	Bravour
Disko	Disco
Exposee	Exposé
Fassette	Facette
Jogurt	Joghurt
Ketschup	Ketchup
Klipp (Ohr)	Clip
Klub	Club
kontra	contra
Krem(e)	Creme
Krepp	Crepe
Kusine	Cousine
Majonäse	Mayonnaise
Nessessär	Necessaire
Nugat	Nougat
Pappmaschee	Pappmaché
Portmonee	Portemonnaie
Scharm	Charme
Scheck	Check, Cheque
schick	chic
Schikoree	Chicorée
Sketsch	Sketch
Spagetti	Spaghetti
Varietee	Varieté
zirka	circa

Ü 155 Du kennst bestimmt nicht alle Wörter aus der Liste. Schreibe diejenigen auf, die dir unbekannt sind, und schau im Wörterbuch nach, welche Bedeutung sie haben.

Groß- und Kleinschreibung

Großschreibung am Anfang eines Ganzsatzes oder einer Überschrift

REGEL
Das erste Wort eines Ganzsatzes wird großgeschrieben.

Beispiel Die Zeitung berichtet über ein interessantes Fußballspiel.
Wann wirst du mich besuchen?
Komm endlich zu mir, setz dich hin und erzähl mir alles!
Als der Regen begann, verließen viele Besucher das Fest.

Ü 156 In den folgenden Texten fehlen die Satzschlusszeichen, die anderen Zeichen sind gesetzt. Außerdem sind die Satzanfänge kleingeschrieben. Schreibe die Texte in der richtigen Form auf.

Löwe
der Löwe ist eine kräftig gebaute Katze mit einem besonders großen Kopf er besitzt muskulöse Beine und einen langen Schwanz an dessen Ende ist deutlich ein Büschel zu erkennen darin befindet sich ein Hornstachel Löwen jagen Zebras und Antilopen durch einen Biss in den Hals oder Nacken töten sie ihre Opfer Löwen leben nicht allein, sondern in Gruppen bis zu drei Männchen und 15 Weibchen und deren Junge bilden eine Gruppe

Strauß
der Strauß ist viel zu schwer zum Fliegen er kann jedoch ganz besonders schnell laufen ein Strauß erreicht eine Spitzengeschwindigkeit von bis zu 70 km/h er ist der größte Vogel der Welt aufgrund seiner Flugunfähigkeit wird der Strauß zur Ordnung der Laufvögel gezählt

Waschbär
Waschbären können ziemlich schnell laufen, gut klettern und sogar schwimmen, wenn sie dazu gezwungen werden diese Tiere fressen beinahe alles, was ihnen zwischen die Pfoten kommt so fängt ein Waschbär zum Beispiel Fische, Frösche, Vögel und Mäuse manchmal untersucht er auch Abfallkörbe nach Speiseresten

REGEL
Das erste Wort einer wörtlichen Rede wird großgeschrieben.

Beispiel Das Mädchen sagte: „Ich wünsche mir einen Fußball."
„Hast du Hunger?", fragte der Vater.

Ü 157 Im folgenden Text sind die Satzanfänge und die Anfänge der wörtlichen Rede kleingeschrieben. Es fehlen zudem die Zeichen für die wörtliche Rede und einige Satzschlusszeichen. Schreibe den Text in der richtigen Weise neu auf.

Am falschen Ort
ein Mann möchte auch im Winter angeln und hackt ein Loch ins Eis da ertönt über ihm aus dem Hintergrund eine Stimme lassen Sie sofort das Eis in Ruhe, hier wird nicht geangelt! erschrocken ruft der Mann wer spricht denn da? der liebe Gott? – nein, der Stadionsprecher des Eishockeyclubs!

REGEL
Steht der Redebegleitsatz oder ein Teil von ihm hinter der wörtlichen Rede, so wird das erste Wort nach den abschließenden Anführungszeichen kleingeschrieben.

Beispiel   *„Hast du Hunger?", fragte sie ihn.*
„Aus welchem Grund", fragte er, „kommst du nicht mit?"
*Sie rief ihm zu: „Zieh dich warm an!", **u**nd verließ den Ort.*

REGEL
Nach einem Doppelpunkt außerhalb der wörtlichen Rede wird großgeschrieben, wenn die folgende Ausführung als eigenständiger Ganzsatz verstanden wird. Ansonsten schreibt man klein, wenn die Wortart es zulässt.

Beispiel   *Achtet besonders auf diese Regeländerung: Der Ball darf nur noch drei Sekunden gehalten werden.*
Ich benötige ganz besonders dringend: einen Bleistift, ein Heft und ein Lineal.

REGEL
Das erste Wort eingeschobener Sätze wird kleingeschrieben, wenn es die Wortart zulässt.

Beispiel   *Vorgestern Abend, ich habe nicht damit gerechnet, stand plötzlich meine Schwester vor der Tür.*
Hast du schon wieder – es ist doch nicht möglich! – den Schlüssel verloren?
Torge nahm sich den Ball (hast du das erwartet?) und schoss ihn nervenstark ins Tor.

REGEL
Steht ein Klammerausdruck hinter dem Schlusspunkt des vorausgehenden Satzes, wird das erste Wort großgeschrieben.

Beispiel   *Johann Wolfgang von Goethe lebte mehrere Jahrzehnte in Weimar. (Er war dort hoch angesehen.) Zu seinen wichtigsten Werken zählen ...*

aber:
Johann Wolfgang von Goethe lebte mehrere Jahrzehnte in Weimar (er war dort hoch angesehen). Zu seinen wichtigsten Werken zählen ...

> **REGEL**
> Auslassungspunkte, ein Apostroph oder Zahlen gelten zu Beginn eines Ganzsatzes als Satzanfang. Der Buchstabe nach dem Apostroph wird deshalb kleingeschrieben.

Beispiel *... und kam niemals an.*

*'s ist Krieg! 's ist Krieg! O Gottes Engel wehre,
und rede du darein! (Matthias Claudius)*

15 unendlich lange Tage war er in der Höhle eingeschlossen.

> **REGEL**
> Das erste Wort einer Überschrift, eines Titels oder einer Anschrift und dergleichen wird großgeschrieben.

Beispiel *Großer Hund von Katze gebissen (Überschrift/Schlagzeile)
Erneuter Diebstahl im Stadtteil Heide (Überschrift/Schlagzeile)
Der gestiefelte Kater (Märchentitel)
Die Säulen der Erde (Romantitel)*

*Herrn
Willi Müller
Steinstraße 77
24118 Kiel*

Ü 158 Schreibe den folgenden Kurztext in der richtigen Form auf.

DIE KURZGESCHICHTE „BRUDERMORD IM ALTWASSER", GESCHRIEBEN VON GEORG BRITTING UND 1933 IN DER TEXTSAMMLUNG „DIE KLEINE WELT AM STROM" VERÖFFENTLICHT, HANDELT VON DREI BRÜDERN, DENEN BEIM SPIELEN AN EINEM SEE EIN SCHRECKLICHES UNGLÜCK WIDERFÄHRT.

Großschreibung von Nomen/Substantiven

Nomen/Substantive bezeichnen vor allem Gegenstände, Lebewesen, Pflanzen, Vorgänge, Eigenschaften und Gefühle.
Bei den **Nomen/Substantiven** unterscheidet man **Konkreta und Abstrakta**.
Konkreta nennt man die Nomen/Substantive, mit denen Gegenstände, Lebewesen oder Pflanzen bezeichnet werden. Man kann sie konkret sehen oder anfassen.

Abstrakta bezeichnen Sachverhalte, die nicht konkret sichtbar sind. Dazu gehören vor allem allgemeine Vorgänge, Eigenschaften, Gefühle und Vorstellungen.

Jedes Nomen/Substantiv hat ein **grammatisches Geschlecht** (Genus). Das grammatische Geschlecht erkennt man am **bestimmten Artikel** (Begleiter), der vor dem Nomen/Substantiv stehen kann. Manchmal fehlt ein Artikel oder es steht ein unbestimmter Artikel (ein, eine) oder anderer Begleiter (Pronomen, Zahlwort …) davor. Man unterscheidet drei Formen des grammatischen Geschlechts:

Maskulinum (männlich): *der Mann, der Eingang*
Femininum (weiblich): *die Frau, die Gelegenheit*
Neutrum (sächlich): *das Kind, das Ereignis*

> **REGEL**
> Nomen/Substantive schreibt man groß. Das gilt auch für Eigennamen. Alle anderen Wortarten werden kleingeschrieben.

Beispiel   *Tasse, Fußball, Foto, Rosalie, Otto, Berlin, Liebe, Gedanke*

Ü 159 Zeichne wie in dem Beispiel eine Tabelle und ordne die folgenden Nomen/Substantive mit den passenden Artikeln in die Tabelle ein.

Hose, Ärmel, Ereignis, Hammer, Werkzeug, Geschichte, Vogel, Katze, Löwin, Baby, Sorge, Schnabel, Hindernis, Bagger, Liebe, Ärger, Kaninchen, Eimer, Känguru, Fensterrahmen, Tastatur, Handy, Rad, Hummel

Maskulinum	Femininum	Neutrum
der Ärmel	die Hose	das Ereignis
…	…	…

Ü 160 Unterstreiche in der von dir angelegten Tabelle aus der vorherigen Übung alle Abstrakta.

Ü 161 Unterstreiche in den folgenden Texten alle Nomen/Substantive.

DER FUCHS
DER FUCHS JAGT VOR ALLEM IN DER NACHT. AM TAG HÄLT ER SICH IN SEINEM BAU AUF. AUF SEINEM SPEISEPLAN STEHEN VOR ALLEM TIERE WIE RATTEN UND MÄUSE. EIN FUCHS FRISST JEDOCH AUCH INSEKTEN.

DIE STACHELTASCHENMAUS
DIE STACHELTASCHENMAUS IST ETWA SO GROSS WIE DIE HAND EINES ERWACHSENEN MENSCHEN. SIE LEBT IM WALD IN ERDHÖHLEN UND IST IN DER NACHT AKTIV. DIE STACHELTASCHENMAUS FRISST VOR ALLEM SAMEN, FRÜCHTE, BLÄTTER UND KNOSPEN, DIE SIE SAMMELT UND IN IHRER HÖHLE VERZEHRT.

Ü 162 Im folgenden Text sind alle Wörter kleingeschrieben, auch die Satzanfänge. Die Satzzeichen sind gesetzt. Schreibe den Text in der richtigen Schreibweise neu auf.

wüstenrennmäuse
wüstenrennmäuse sind sehr gesellige tiere. deshalb sollte man sie niemals als einzeltiere halten, weil sie sonst vereinsamen können. es vertragen sich auch zwei männchen ohne große schwierigkeiten. in diesem fall hat man nicht das problem mit den nachkommen, denn wüstenrennmäuse pflanzen sich zahlreich fort.
man kann sie gut in einem terrarium halten, welches unten mit einer sandschicht aufgefüllt wird. wichtig ist in jedem fall eine abdeckung. wüstenrennmäuse sind nämlich ausgezeichnete springer und lieben es, unbemerkt in der wohnung herumzustrolchen. da kann die familie schon einmal in der nacht von merkwürdigen geräuschen geweckt werden. die tiere lassen sich jedoch mit etwas geduld wieder einfangen. ganz zahm werden sie nur in sehr seltenen fällen.

Besonderheiten zur Schreibweise von Nomen/Substantiven

> **REGEL**
> Zu der Grundregel, dass Nomen/Substantive großgeschrieben werden, gibt es noch einige Besonderheiten.

1. Folgende Wörter werden in der Verbindung mit den Verben *sein, bleiben* und *werden* kleingeschrieben: *schuld, pleite, bange, leid, gram, angst, recht, spitze, feind, freund*

   Beispiel *Er ist völlig pleite.*
   Daran ist sie schuld.
   Ihm wurde angst und bange.

2. Die Wörter *recht/Recht* und *unrecht/Unrecht* können in Verbindung mit Verben wie *behalten, bekommen, geben, haben, tun* klein- oder großgeschrieben werden.

   Beispiel *Du tust mir unrecht/Unrecht.*
   Sie gibt ihm niemals recht/Recht.

3. Manche Verben sind mit ursprünglichen Nomen/Substantiven, die ihre eigenständige Bedeutung verloren haben, zusammengesetzt. Wird solch ein Ausdruck im Satzzusammenhang getrennt, werden die ursprünglichen Nomen/Substantive kleingeschrieben.

   Beispiel *leidtun – Es tut ihm leid.*
   kopfstehen – Die Klasse stand kopf.
   teilnehmen – Sie nimmt nicht teil.

4. Präpositionen (Verhältniswörter) wie dank, kraft, trotz, seitens, zeit (seines Lebens) werden kleingeschrieben.

Beispiel *Ich habe es dank deiner Hilfe geschafft.*

5. Ausdrücke, die die Aufgabe einer Präposition haben und mit einem Nomen/Substantiv verbunden sind, können häufig getrennt oder zusammengeschrieben werden. Bei der Getrenntschreibung wird das Nomen/Substantiv großgeschrieben.

Beispiel *anstelle/an Stelle, aufgrund/auf Grund, aufseiten/auf Seiten; mithilfe/mit Hilfe, vonseiten/von Seiten, zugunsten/zu Gunsten, zulasten/zu Lasten, zuungunsten/zu Ungunsten*
aber:
infolge (!)

6. Folgende Verbindungen mit einem Nomen/Substantiv können getrennt oder zusammengeschrieben werden. Bei Getrenntschreibung wird das Nomen/Substantiv großgeschrieben.

Beispiel *außerstande sein/außer Stande sein, infrage stellen/in Frage stellen, zugrunde gehen/zu Grunde gehen, zuhause bleiben/zu Hause bleiben, zuleide tun/zu Leide tun, zumute sein/zu Mute sein, zurande kommen/zu Rande kommen, zuschulden kommen lassen/zu Schulden kommen lassen, zustande bringen/zu Stande bringen*

7. Die unbestimmten Zahlwörter *ein bisschen* und *ein paar* (= einige) werden kleingeschrieben. Das gilt auch für den Ausdruck *die beiden, beide*.

Beispiel *Darf es ein bisschen mehr sein?*
Ich habe noch ein paar Fragen.
Kennst du die beiden?

8. Bruchzahlen auf -tel und -stel, die direkt vor Maßangaben oder Zahlen stehen, werden kleingeschrieben.

Beispiel *Nur eine hundertstel Sekunde trennte sie vom Sieg. (Auch: eine Hundertstelsekunde)*
Ich hätte gern ein viertel Kilogramm Käse. (Auch: ein Viertelkilogramm)
Wir treffen uns in drei viertel Stunden. (Auch: in einer Dreiviertelstunde)

9. In allen anderen Fällen schreibt man Bruchzahlen auf -tel und -stel groß.

Beispiel *das erste Viertel, um drei Achtel größer, um (ein) Viertel nach drei*

10. Auch eine Zahl bzw. Mengenangabe kann ein Nomen/Substantiv bilden. Grundzahlen (Kardinalzahlen) ab einer Million stellen grundsätzlich ein Nomen/Substantiv dar.

Beispiel *ein Dutzend, das Paar, die erste Million, zwölf Milliarden*

Ü 163 Lies dir die Regeln zuvor noch einmal durch und schreibe die folgenden Sätze in der richtigen Form auf.

- Hättest du nicht noch ein BISSCHEN warten können? Wenigstens ein PAAR Minuten!
- Ich hätte gern ein VIERTEL Pfund Käse.
- Wir treffen uns am Donnerstag um VIERTEL nach sieben.
- Kannst du auch schon um DREIVIERTELSECHS kommen?
- Meine Großmutter lebte ZEIT ihres Lebens in einem ostwestfälischen Dorf.
- Wer immer nur RECHTHABEN will, verliert sehr schnell seine Freunde.
- Es tut mir wirklich LEID, dass ich den Termin vergessen habe.
- Daran bin nur ich SCHULD.
- Lasse schaffte DANK Annas Hilfe die Prüfung.
- Das Schiff wurde MITHILFE eines Lastenkrans aus dem Wasser gehoben.
- Sind die Stifte im DUTZEND billiger?
- Wir werden AUFGRUND des anhaltenden Regens früher abreisen.
- Während der Nachtwanderung war ihm ziemlich mulmig ZUMUTE.
- Als Bill Gates seine erste MILLION verdient hatte, war er gerade einmal 25 Jahre alt.
- Sie blieb INFOLGE eines Reifenschadens mit dem Auto liegen.

Nominalisierung/Substantivierung – Wörter, die zu Nomen/Substantiven werden

Alle Wortarten können als Nomen/Substantive gebraucht werden. Man spricht dabei auch von Nominalisierung bzw. Substantivierung.

1. Nominalisierung/Substantivierung von Verben

REGEL
Vor Verben, die als Nomen/Substantive verwendet werden, steht häufig ein Artikel, ein Adjektiv, eine Präposition mit eingeschlossenem Artikel oder ein anderer Begleiter. Manchmal fehlt der Begleiter auch, man kann ihn dann jedoch einsetzen.

Beispiel *Das Spielen im Wald gefällt den Kindern.*
Lautes Singen wirkt oft befreiend.
Vorm Betreten der Rolltreppe mit Gummisohlen wird gewarnt.
Lesen und Schreiben gehören zu den Kulturtechniken.

Ü 164 In der folgenden Übung sind jeweils zwei Sätze untereinandergeschrieben. Die Anfangsbuchstaben der Verben fehlen. Entscheide, ob das Verb in seiner ursprünglichen oder in nominalisierter/substantivierter Form verwendet wird, und trage den fehlenden Buchstaben ein.

- Wenn manche Menschen ___ chnarchen, wackeln die Wände.

  Lautes ___ chnarchen hat früher angeblich die wilden Tiere vertrieben.

- Das ___ pielen auf den Bahngleisen ist äußerst gefährlich.

  Viele Kinder ___ pielen gern im Wald.

- Am Nachmittag hole ich dich zum ___ chwimmen ab.

  Es ist verboten, in unbekannten Gewässern zu ___ chwimmen.

- Bei diesem Spiel müssen sich die Kinder leise etwas ins Ohr ___ lüstern.

  Nach zehn Uhr ist in der Jugendherberge nur noch ___ lüstern erlaubt.

Ü 165 Im Folgenden sind einige Gebote und Verbote mit infiniten Verbformen abgedruckt. Schreibe sie wie in dem Beispiel neu auf und verwende dabei nominalisierte/substantivierte Verbformen.

Beispiel *Das sorgfältige Lesen der Hinweistafeln ist erwünscht.*

Erlaubt oder erwünscht:	– die Hinweistafeln sorgfältig lesen
	– auf dem Spielplatz ausgelassen toben
	– die Tierpflegerinnen und Tierpfleger befragen
	– den Esel streicheln
	– die gekennzeichneten Wege benutzen
	– vor dem Affenkäfig Gedichte vortragen
Verboten:	– die Krokodile streicheln
	– den Löwen frisieren
	– mit dem Tiger den Fressnapf teilen
	– die Affen mit Popcorn bewerfen
	– das Elefantengehege öffnen
	– mit den Lamas einen Spuckwettkampf durchführen

REGEL
Verbindungen aus einem Nomen/Substantiv und einem Verb werden im Infinitiv und in allen gebeugten Formen in der Regel getrennt geschrieben. Wird der gesamte Ausdruck zu einem Nomen/Substantiv, wird er zusammengeschrieben. Das gilt auch für Verbindungen von Verben mit anderen Wortarten.

Beispiel *In den Ferien werde ich sehr oft **Rad fahren**.*
*Das **Radfahren** macht mir sehr viel Spaß.*
*Das Gesetz wird noch in diesem Monat **in Kraft treten**.*
*Das **Inkrafttreten** (auch **In-Kraft-Treten**) des Gesetzes begrüßen wir.*

Ü 166 Schreibe die folgenden Sätze in der richtigen Form auf. Überlege, ob der mit Großbuchstaben geschriebene Ausdruck nominalisiert/substantiviert ist oder in seiner ursprünglichen Form verwendet wird.

- Jonas hat sich für einen Kurs angemeldet, in dem es um das ERLERNEN des FEUERSCHLUCKENS geht.
- Wer täglich RADFÄHRT, hält sich fit und schont die Umwelt.
- Paul ist zu faul zum RADFAHREN.
- Maja hat sich beim SKILAUFEN den Fuß gebrochen und muss nun den ganzen Tag IMBETTLIEGEN.
- Die Mehrheit hat sich für das SCHLITTSCHUHLAUFEN entschieden, nur wenige wollten VÖLKERBALLSPIELEN.
- Wir treffen uns gegen 17 Uhr zum PIZZAESSEN in der Fußgängerzone, später wollen wir dann INSKINOGEHEN.

2. Nominalisierung/Substantivierung von Adjektiven und Partizipien

REGEL
Vor Adjektiven und Partizipien, die als Nomen/Substantiv verwendet werden, steht häufig ein Artikel, eine Präposition mit einem eingeschlossenen Artikel oder eine Mengenangabe wie *alles, viel, etwas, nichts, wenig, manches, vielerlei, genug*. Gelegentlich fehlt ein Begleiter, man kann ihn dann jedoch davorsetzen.

Beispiel *Das Grün gefällt mir ganz besonders gut.*
Es ist das Beste, wenn du ihn in Ruhe lässt.
Zum Geburtstag wünschen wir dir alles Gute.
Im Folgenden wird der Vorgang noch einmal in Kurzform erklärt.

Ü 167 Im Folgenden sind jeweils zwei Sätze abgedruckt. In einem Satz wird ein Adjektiv oder Partizip jeweils als Nomen/Substantiv verwendet. Trage die fehlenden Buchstaben ein.

- Ich habe im Urlaub nichts ___esonderes erlebt. – Rosalie isst Pizza ganz ___esonders gern.
- Ich hoffe, du hast dich ___ut erholt. – Das ___ute daran ist, dass es nichts kostet.
- An dem Verkaufsstand gab es manches ___ützliche. – Dies ist eine ___ützliche Erfindung.
- Die ___brigen Kisten bringen wir in die Garage. – Ich bin im ___brigen dafür, das Auto nicht zu kaufen.

Groß- und Kleinschreibung

- Bist du dir eigentlich darüber im ___laren, was du überhaupt willst? – Zu einer ___laren Stellungnahme war sie nicht zu bewegen.
- Der Redner drückte sich sehr ___llgemein und unverbindlich aus. – Das sollte im ___llgemeinen nicht passieren.
- Das ___rüne Kleid gefällt mir überhaupt nicht. – Ich träume von einem Häuschen im ___rünen.
- Bei diesem Fall tappt die Polizei noch völlig im ___unkeln. – Nachts solltest du ___unkle Gassen meiden.
- Was gibt es ___eues? – Diese Erfahrung ist ___ eu für mich.
- Im ___esentlichen ist jetzt alles gesagt. – Auf dieser Reise haben wir ___esentlich mehr erlebt als beim letzten Mal.
- Diesen Pullover gibt es auch in ___ot und ___rün. – Er wurde abwechselnd ___ot und ___rün im Gesicht.
- Die ___aufenden Kosten müssen Sie natürlich selbst tragen. – Wir werden Sie auf dem ___aufenden halten.
- Ich habe nichts ___eeignetes gefunden. – Diese Wohnung ist nun wirklich nicht für meine Familie ___eeignet.
- Er kaufte sich auf dem Markt alles ___ögliche. – Das ist nur eine ___ögliche Lösung.
- Für ___ung und ___lt war etwas dabei. – Oft sind ___unge Hunde viel wilder als ___lte.
- Es ist das ___este, wenn du zu Hause bleibst. – Er überreichte das Geschenk mit den ___esten Empfehlungen.

REGEL
Zu den Adjektiven zählen auch die Ordnungszahlen (Ordinalzahlen), die wie ein Adjektiv zusammen mit dem Nomen/Substantiv gebeugt (dekliniert) werden können. Ordnungszahlen können ebenfalls nominalisiert/substantiviert werden.

Beispiel *Du bist die Dritte, die diese Frage stellt.*
Peter kam als Achter und damit Vorletzter ins Ziel.
Wir treffen uns am Zehnten.

Ü 168 Trage auch in die folgenden Satzpaare die fehlenden Buchstaben ein.

- Die Miete ist am ___weiten des Monats fällig. – Sie war zum ___weiten Mal gestürzt.
- Fürs ___rste soll es genug sein. – Ich habe mich bereits am ___rsten Urlaubstag prima erholt.
- Jeder ___ierte Autofahrer wurde herausgewinkt. – Jule kam als ___ierte an die Reihe.
- Gewährt mir die Bitte, ich sei in eurem Bunde der ___ritte. – Es war bereits die ___ritte Niederlage in Folge.

3. Nominalisierung/Substantivierung weiterer Wortarten

> **REGEL**
> Auch Pronomen, Kardinalzahlen (Grundzahlen), Adverbien (Umstandswörter), Präpositionen (Verhältniswörter), Konjunktionen (Bindewörter) und Interjektionen (Ausrufewörter) können zu Nomen/Substantiven werden.

Ü 169 Trage auch in die folgenden Satzpaare die fehlenden Buchstaben ein.

- Nach dem Brand standen sie vor dem ___ichts. – Für den erfolgsverwöhnten Fußballverein ist es ___ichts Besonderes mehr, die Meisterschaft zu gewinnen.
- Handelt es sich bei dem Hund um eine ___ie oder ist das ein ___r? – Am Montag besucht ___r ___ie.
- Mein Freund hat immer nur „___ull Bock". – Beim Roulette setzte sie alles auf die ___ull und verlor.
- Hast ___u das erwartet? – Sie bot ihm das ___u an.
- Wir machen ___ier und ___etzt eine Pause. – Ich lebe im ___ier und ___etzt, nicht im ___enseits.
- Nach der Verletzung stand der Spieler vor dem ___us. – Gehen wir heute ___us?

4. Besonderheiten von Nominalisierungen/Substantivierungen von Adjektiven, Partizipien und weiteren Wortarten

> **REGEL**
> Zu den Nominalisierungen/Substantivierungen gibt es noch einige besondere Regelungen. Z. T. werden Ausdrücke, die wie eine Nominalisierung/Substantivierung erscheinen, kleingeschrieben. Z. T. sind auch zwei Schreibweisen möglich.

1. Adjektive, die sich auf ein vorhergehendes oder nachfolgendes Nomen/Substantiv beziehen, werden kleingeschrieben.

   Beispiel *Im Karussell saßen viele Kinder; die kleinsten schrien besonders laut.*
   Ich esse gern Äpfel; besonders gut schmecken mir die grünen.
   Er war der sportlichste und klügste von meinen Freunden.

2. Der Superlativ (Höchststufe) des Adjektivs wird kleingeschrieben. Nach einem Superlativ fragt man mit „Wie?".

   Beispiel *Dieses Auto fährt am schnellsten.*

3. Ausdrücke, die die Aufgabe einer adverbialen Bestimmung übernehmen und mit *aufs* oder *auf das* eingeleitet werden, können groß- oder kleingeschrieben werden. Auch diese Ausdrücke, die ebenfalls eine Höchststufe beinhalten, erfragt man mit „Wie?".

   Beispiel *Er verurteilte ihr Verhalten aufs Schärfste/auf das Schärfste.*
   Er verurteilte ihr Verhalten aufs schärfste/auf das schärfste.

4. Superlative, nach denen mit „Woran?" („An was?") oder „Worauf?" („Auf was?") gefragt werden kann, schreibt man groß.

   Beispiel *Es fehlt uns am Nötigsten/an dem Nötigsten.*
   Wir sind aufs Einfachste/auf das Einfachste eingestellt.

5. Einige feste Verbindungen aus einer Präposition und einem nicht gebeugten (nicht deklinierten) Adjektiv ohne vorangehenden Artikel schreibt man klein.

   Beispiel *über kurz oder lang, von fern, von nah und fern, durch dick und dünn, von klein auf, schwarz auf weiß, grau in grau*

6. Feste Verbindungen aus einer Präposition und einem gebeugten (deklinierten) Adjektiv ohne vorangehenden Artikel kann man groß- oder kleinschreiben.

   Beispiel *von neuem/von Neuem; von weitem/von Weitem, bis auf weiteres/bis auf Weiteres, ohne weiteres/ohne Weiteres, seit längerem/seit Längerem, binnen kurzem/binnen Kurzem*

7. Pronomen werden kleingeschrieben, auch wenn sie ein Nomen/Substantiv vertreten.

Beispiel   Ich habe so **etwas** noch nicht gesehen.
           In der Stadt hat sich schon **mancher** verirrt.
           Ich hätte gern **dieses**, nicht **jenes**.

8. Die folgenden Ausdrücke, Zahlwörter und Mengenangaben werden in der Regel kleingeschrieben.

Beispiel   *viel, das viele, wenig, das wenige, das meiste, (der, die, das) eine, (der, die, das) andere*

Das Regelwerk erlaubt jedoch auch die Großschreibung.

Beispiel   *Die Einen meinen dies, die Anderen das.*
           Die Meisten waren seiner Meinung.

9. Die Grundzahlen (Kardinalzahlen) unter einer Million werden kleingeschrieben.

Beispiel   *Meine Großmutter ist dreiundachtzig.*
           Du musst die Zahl durch sechs teilen.
           Sie konnte nicht bis drei zählen.
           aber:
           In der Metropole wohnen sechs Millionen Einwohner.

10. Wenn die Mengenangaben *hundert* oder *tausend* sich auf eine unbestimmte Anzahl beziehen, kann klein- oder großgeschrieben werden. Das Gleiche gilt auch für *D/dutzend(e)*.

Beispiel   *Das Rennen verfolgten tausende/Tausende von Zuschauern.*
           aber: *Es wurden genau tausend Zuschauer gezählt.*
           Mehrere hundert/Hundert Menschen standen auf dem Marktplatz.
           Das habe ich dir schon dutzende/Dutzende Mal gesagt.

Ü 170 Schau dir die Regeln zuvor noch einmal an, schreibe die Sätze in dein Heft und trage die fehlenden Buchstaben ein.

- Zum Erfolg trugen auch die ___ielen bei, die als Helfer beim Osterlauf eingesetzt waren.

- Alles ___ndere erzähle ich dir später.

- Wir ___rei gehören unbedingt zusammen.

- Am ___chnellsten erreichen Sie den Bahnhof mit einem Taxi.

- Du überraschst mich immer wieder aufs ___eue.

- Der Schulleiter wurde von den Schülerinnen und Schülern auf das ___erzlichste verabschiedet.

- Manchen Menschen fehlt es am ___ötigsten.
- Die Besucher kamen von ___ah und ___ern.
- Über ___urz oder ___ang wird die Fabrik schließen müssen.
- Du kannst ohne ___eiteres jederzeit kommen, solltest dich jedoch binnen ___urzem entschieden haben.
- Das Wetter war wie immer ___rau in ___rau.
- Ihr könnt ohne ___eiteres noch eine Woche bleiben, Platz ist genug da.
- Die ___eiden umarmten sich innig.
- Die ___eisten zeigten viel Verständnis für seine Entscheidung, der ___ine oder ___ndere schüttelte jedoch auch den Kopf.
- Nach der Revolution verließen ___underttausende das Land.

Ü 171 Trage in den folgenden Text die fehlenden Buchstaben ein. Überlege jeweils, ob es sich um eine nominalisierte/substantivierte Form handelt und großgeschrieben werden muss oder ob Kleinschreibung gefordert ist.

Aus einem Unfallprotokoll

Im ___olgenden wird ein merkwürdiger Unfallhergang geschildert, bei dem die Polizei in ___esentlichen Punkten noch im ___unkeln tappt.

Der Lastkraftwagenfahrer Anton B. befuhr mit seinem Brummi ___emütlich die Landstraße von Marienloh nach Sennelager, als er ein ungewöhnliches Geräusch aus dem hinteren Teil seines Fahrzeugs vernahm. Es hörte sich an wie das ___erschieben von Möbeln oder das ___mstoßen von Umzugskisten. Schließlich war Anton B. es ___eid und er hielt seinen LKW an, um ___achzuforschen. Als er die Türen seines Aufliegers öffnete, sprang ihm ein ___usgewachsener Schimpanse entgegen und war im ___u im Wald ___erschwunden. Das ___anze ging so schnell, dass Anton B. überhaupt keine Möglichkeit hatte, auf die ___eltsame Situation zu ___eagieren. Zwei Radfahrer ___eobachteten den Vorgang aus der ___erne. Die ___eiden bestätigten später der Polizei, dass es sich um einen besonders ___roßen Affen gehandelt habe. Der ___ine erwähnte zudem, dass der Schimpanse offensichtlich in Panik geraten war und fluchtartig im ___ichten Gebüsch verschwand. Über das Tier gibt es bis zum jetzigen Zeitpunkt nichts ___eues zu berichten. Der Affe blieb im Wald verschwunden. Etwas ___ergleichbares hat es in dieser Gegend noch nicht gegeben.

Anton B. begab sich wegen eines möglichen Schockzustandes in ärztliche Behandlung. Beim ___rkunden merkwürdiger Geräusche sollte er in Zukunft am ___esten etwas vorsichtiger sein.

Anredepronomen

REGEL
Das Anredepronomen **Sie** und das entsprechende Possessivpronomen **Ihr** schreibt man in allen grammatischen Fällen (Kasus) groß.

Beispiel *Geben Sie mir bitte einmal Ihr Taschenmesser?*

Ü 172 Im folgenden Text fehlen bei einigen Pronomen die Anfangsbuchstaben. Trage sie in der richtigen Schreibweise ein. Es handelt sich nicht nur um Anredepronomen!

Sehr geehrte Frau Meierbaum,

ich muss ___hnen leider mitteilen, dass ___hr Zwerghase schon wieder meinen Salat gefressen hat. Ich möchte ___hnen gar nicht unterstellen, dass ___ie ___hn dazu erzogen haben, dieses zu tun. Aber es wäre nett, wenn ___ie ___hn in Zukunft erst dann zu ___ir schicken würden, wenn er sich in ___hrem Garten satt gefressen hat. Als Nachtisch kann ___hr Hase dann selbstverständlich bei ___ir eine Mohrrübe bekommen. In ___einem Garten wachsen die leckersten.

Mit freundlichem Gruß

Willibald Tierlieb

REGEL
Die persönlichen Anredepronomen **du** und **ihr** und die entsprechenden Possessivpronomen **dein** und **euer** schreibt man klein. In Briefen kannst du sie auch großschreiben. Dabei musst du jedoch einheitlich verfahren.

Beispiel *Würdest du mir bitte etwas Geld leihen?*
Liebe Ella,
ich muss dir/Dir unbedingt schreiben, was ich gestern mit deinem/Deinem Bruder erlebt habe ...

Ü 173 Schreibe den Brief von S. 94 noch einmal auf. Verwende dabei die persönlichen Anredeformen. Entscheide dich für eine Schreibweise.

Liebe Jule,

ich muss dir leider mitteilen, dass dein …

Liebe Jule,

ich muss Dir leider mitteilen, dass Dein …

Mehrteilige Eigennamen

> **REGEL**
> Eigennamen sind Bezeichnungen für bestimmte einzelne Gegebenheiten (Personen, Orte, Institutionen …).
> In Eigennamen, die aus mehreren Teilen bestehen, schreibt man das erste Wort und alle weiteren Bestandteile mit Ausnahme von Artikeln, Präpositionen und Konjunktionen groß.
> Das gilt zum Beispiel für mehrteilige Personennamen, für Straßen und Plätze, Bauwerke, Organisationen, Zeitungen und Ähnliches.

Beispiel *Karl der Große, Walther von der Vogelweide, Franz vom Stein* (Personen)
Unter den Linden, In der Langen Furt, Alter Markt (Straßen und Plätze)
Deutsches Museum, Blaue Grotte, Chinesische Mauer (Bauwerke)
Die Zeit, Neue Westfälische Zeitung, Medebacher Anzeiger (Zeitungen)
der Zweite Weltkrieg, der Westfälische Frieden (historische Ereignisse)
die Tausendjährige Eiche (bestimmter Baum an einem Ort)
der Kleine Bär (Sternbild)
Zweites Deutsches Fernsehen, Automobilclub von Deutschland (Organisationen)

Zu dieser Grundregel gehören einige Besonderheiten, die im Folgenden erläutert werden.

Herkunfts- und Ortsbezeichnungen

> **REGEL**
> Herkunfts- und Ortsbezeichnungen auf **-er** werden immer großgeschrieben.

Beispiel *der Paderborner Dom, der Frankfurter Römer, die Kieler Woche, der Berliner Bär*

REGEL
Adjektive oder Partizipien, die fester Bestandteil eines Ortsnamens sind, werden im Sinne der Grundregel oben großgeschrieben.

Beispiel *Bayerischer Wald, Holsteinische Schweiz, Rotes Meer, Indischer Ozean, Kahler Asten*

REGEL
Orts- und Herkunftsbezeichnungen auf **-isch** werden kleingeschrieben, wenn sie nicht fester Bestandteil eines Eigennamens sind.

Beispiel *indische Gewürze, amerikanische Touristen, französische Spezialitäten, ungarische Volkstänze*

REGEL
Adjektive auf **-isch** bzw. **-sch**, die von Personennamen abgeleitet werden, werden ebenfalls kleingeschrieben.

Beispiel *die Schriften des Aristoteles – die aristotelischen Schriften*
die Gedichte Schillers – die schillerschen Gedichte (auch: die Schiller'schen Gedichte)
die Theorie Darwins – die darwinsche Theorie (auch: die Darwin'sche Theorie)

Ü 174 Trage in die folgenden Sätze die fehlenden Buchstaben ein. Lies dir noch einmal die Regeln zuvor durch. Achte besonders darauf, ob es sich bei dem jeweiligen Ausdruck um einen Eigennamen handelt, der großgeschrieben wird.

- Am ___eidelberger Schloss sahen wir viele ___apanische und ___merikanische Touristen.
- Der ___tlantische Ozean ist für viele ein beliebtes Urlaubsziel.
- Vom ___ortmunder Fernsehturm hat man eine großartige Aussicht über die Stadt.
- Ich mag ___talienische Nudelgerichte und Pizza besonders gern.
- Die ___oetheschen (___oethe'schen) Balladen hat meine Großmutter fast alle auswendig gelernt.
- Der ___ölner Dom wird jährlich von vielen Schulklassen besucht.
- Der ___reißigjährige Krieg endete mit dem ___estfälischen Frieden.
- Die ___ieler Woche gilt als das größte Segelsportereignis der Welt.
- In den Jahren 1914 bis 1918 tobte in Europa der ___rste Weltkrieg.

Weitere feste Verbindungen aus Adjektiven und Nomen/Substantiven

REGEL
In einigen festen Verbindungen aus einem Adjektiv und einem Nomen/Substantiv wird das Adjektiv kleingeschrieben, weil der Ausdruck nicht als Eigenname angesehen wird.
Im Zweifelsfall solltest du immer im Wörterbuch nachschlagen.

Beispiel das große Los, die höhere Mathematik, das tolle Treiben, die schöne Bescherung, der schnelle Brüter, die silberne Hochzeit

REGEL
Entsteht aus einer solchen Verbindung eine neue Gesamtbedeutung, kann das Adjektiv auch großgeschrieben werden. Die Kleinschreibung ist jedoch der Regelfall.

Beispiel der b/Blaue Brief (Mahnung, die jedoch nicht blau ist)
der s/Schwarze Tod (Umschreibung für die Pest)
das s/Schwarze Brett (Anschlagtafel)

REGEL
In bestimmten festen Verbindungen aus einem Adjektiv und einem Nomen/Substantiv wird das Adjektiv großgeschrieben, obwohl der Ausdruck nicht in jedem Fall als Eigenname angesehen wird.

1. **Titel, Ehrenbezeichnungen**

Beispiel der Heilige Vater, die Kaiserliche Hoheit, der Erste Bürgermeister

2. **Fachausdrücke aus der Biologie**

Beispiel Roter Milan, Großer Panda, Grauer Wollaffe, Fleißiges Lieschen

3. **Besondere Kalendertage**

Beispiel der Heilige Abend, der Weiße Sonntag, der Internationale Frauentag

Zeitangaben

REGEL
Zeitangaben in der Form eines Nomens/Substantivs schreibt man immer groß. Vor ihnen steht oft ein Artikel, eine Präposition mit eingeschlossenem Artikel oder ein anderer Begleiter oder er könnte davorstehen.

Beispiel   der Montag, am Samstag, der Freitagabend, am Sonntagmorgen, für Donnerstagabend, am letzten Dienstag, der Morgen, eines Nachts

REGEL
Zeitangaben in der Form eines Adverbs schreibt man klein.

Beispiel   morgens, mittags, montags, samstags, freitagabends/freitags abends, sonntagmorgens/sonntags morgens, heute, gestern, übermorgen

REGEL
Ausdrücke, die als Bezeichnung von Tageszeiten nach den Adverbien **vorgestern**, **gestern**, **heute**, **morgen** und **übermorgen** stehen, werden großgeschrieben.

Beispiel   Ich hole dich heute Abend ab.
In den Supermarkt wurde vorgestern Nacht eingebrochen.
Er kommt erst morgen Mittag.
Ich habe gestern Morgen verschlafen.
Jannis und Franzi gehen heute Nachmittag ins Schwimmbad.

Ü 175   Trage in die folgenden Sätze die fehlenden Buchstaben ein.

- Bilal geht ___reitags immer zum Schwimmen.
- Wir werden euch erst ___bermorgen treffen.
- Ich habe ___estern ___orgen leider verschlafen, deshalb bin ich erst ___ittags gekommen.
- Fledermäuse sind besonders ___bends und ___achts aktiv.
- Manche Leute schauen jeden ___bend erst unter das Bett.
- Am nächsten ___onntagabend bleibt unser Restaurant geschlossen.
- An diesem ___ienstag geschah sehr viel.
- Der Patient war für ___ienstagmorgen bestellt, leider kam er erst gegen ___ittag.
- Der Unterricht fällt ___orgen ___achmittag wegen der Festvorbereitungen aus.
- Unser Chor trifft sich immer ___onntags ___bends (___onntagabends) im Gemeindehaus.

Groß- und Kleinschreibung

Ü 176 Trage in den folgenden Text die fehlenden Buchstaben ein.

Urlaubsvorbereitungen

Charlotte und Afra wollen am ___amstag mit ihren Freundinnen am Baggersee zelten. Afra geht ___reitagnachmittags immer zum Reiten. Deshalb treffen sich die beiden bereits am ___onnerstagabend, um gemeinsam ihre Sachen zu packen. „Ich werde mir ___orgen noch eine neue Luftmatratze kaufen. Hast du einen Tipp, wo es günstige gibt?", fragt Charlotte ihre Freundin. „Mein Bruder hat sich ___orgestern im Campingshop eine gekauft, supergünstig. Ich weiß aber nicht, ob ___orgen ___achmittag noch welche da sind", antwortet die Freundin. „Dann sollte ich besser noch ___eute ___bend hingehen. Der Laden ist ___onnerstags doch bis 20.00 Uhr geöffnet", meint Charlotte. So gehen die beiden los und kaufen eine neue Luftmatratze. Sie gehen anschließend noch an einer Eisdiele vorbei, müssen sich dann jedoch beeilen. Die Freundinnen dürfen ___bends nämlich nur bis 21.00 Uhr draußen bleiben.

Mal und -mal

> **REGEL**
> Wird das Wort **Mal** als Nomen/Substantiv gebraucht, wird es großgeschrieben. In diesem Fall stehen Begleiter davor, die es deutlich als Nomen/Substantiv kennzeichnen.

Beispiel das letzte Mal, zum letzen Mal, viele Male, das dritte Mal, kein einziges Mal, einige Male, manches Mal, von Mal zu Mal, d/Dutzende Male, einige Millionen Mal, ein Mal (mit besonderer Betonung von ein)

> **REGEL**
> Wörter mit dem Wortbaustein **-mal** werden kleingeschrieben, wenn es Adverbien (Umstandswörter) sind.

Beispiel einmal, achtmal, diesmal, dutzendmal, keinmal, manchmal, mehrmals, vielmals

Ü 177 Schreibe die entsprechenden Wörter in der richtigen Schreibweise auf. Überlege vorher, ob es sich um ein Nomen/Substantiv mit Begleiter oder um ein Adverb handelt.

- Ich bedanke mich VIELMALS bei euch für das Geschenk.
- BEIMLETZTENMAL war die Stimmung viel besser.
- EINMAL ist KEINMAL.
- DASEINEMAL will ich dir noch helfen.
- Er hat MEHREREMALE versucht, dich telefonisch zu erreichen.
- Obwohl er das Diktat MEHRMALS geübt hat, hat er viele Fehler gemacht.
- Ich habe dir ETLICHEMALE gesagt, dass du die Tür schließen sollst.
- Ich werde dich NIEMALS vergessen.

Großschreibung – Überblick

Das erste Wort eines Ganzsatzes, der wörtlichen Rede oder einer Überschrift wird großgeschrieben.	• **A**m Himmel fliegt ein Ballon. • Johannes sagt: „**I**ch kümmere mich darum." • **S**chiff im Orkan gesunken
Nomen/Substantive und einfache Eigennamen werden großgeschrieben.	• der **H**immel, die **S**onne, das **G**eld, die **V**orstellung, der **V**erein, die **T**reue, **M**arie, **L**ukas, **P**aris, **G**riechenland
Verben, Adjektive und andere Wortarten, die zu Nomen/Substantiven werden, werden großgeschrieben.	• Am Beckenrand ist das **L**aufen verboten und im **Ü**brigen sehr gefährlich. • Das Mädchen erlebte etwas **S**chönes. • Mich interessiert das **H**ier und **J**etzt, nicht die Vergangenheit.
Superlative, nach denen mit „Woran?" („An was?") oder „Worauf?" („Auf was?") gefragt werden kann, schreibt man groß.	• Es fehlt uns am **N**ötigsten/an dem **N**ötigsten.
Das höfliche Anredepronomen **Sie** und das entsprechende Possessivpronomen **Ihr/Ihnen** werden in allen Formen großgeschrieben.	• Wir teilen **I**hnen mit, dass **S**ie die Stelle als Auszubildende erhalten werden. Holen **S**ie bitte **I**hren Vertrag ab.
Die persönlichen Anredepronomen **du** und **ihr** und die Possessivpronomen **dein** und **euer** werden kleingeschrieben. Nur in Briefen können sie auch großgeschrieben werden.	• Ich bin **d**ein bester Freund, weißt **d**u das noch? • Liebe Esra, d/**D**u schreibst in d/**D**einem letzten Brief, dass …
Mit Ausnahme von Artikeln, Präpositionen und Konjunktionen im Innern des Ausdrucks werden alle Bestandteile mehrteiliger Eigennamen großgeschrieben.	• Johann **W**olfgang von **G**oethe • **W**alther von der **V**ogelweide • **E**uropäischer **G**erichtshof • **A**tlantischer **O**zean

Herkunfts- und Ortsbezeichnungen auf **-er** werden großgeschrieben.	• **B**ielefelder Rathaus • **F**uldaer Dom • **H**amburger Fischmarkt
Zeitangaben in der Form eines Nomens/Substantivs schreibt man immer groß.	• am **A**bend • der **F**reitagmorgen • an jenem **D**ienstag • heute **M**orgen
Das Wort **Mal** wird großgeschrieben, wenn es Teil einer Wortgruppe ist und als Nomen/Substantiv gebraucht wird.	• dieses eine **M**al • ein letztes **M**al • zum zehnten **M**al

Kleinschreibung – Überblick

Außer Nomen/Substantiven werden alle Wortarten kleingeschrieben.	• **g**ehen, **t**rinken, **s**ein • **g**ut, **h**och, **k**lein • **o**ben, **u**nten • **a**ls, **w**eil, **o**bwohl
Adjektive, die sich auf ein vorhergehendes Nomen/Substantiv beziehen, werden kleingeschrieben.	• Im Zoo sah ich viele **Tiere**, die **e**inheimischen faszinierten mich besonders.
In Verbindung mit den Verben **sein, werden** und **bleiben** schreibt man die Wörter **schuld, pleite, bange, leid, gram** und **angst** klein.	• Die Firma ist **p**leite. • Ihm wurde **a**ngst und **b**ange. • Du bist auf keinen Fall daran **s**chuld.
Die nebenstehenden Zahlwörter und Mengenangaben schreibt man in der Regel klein.	• viel, das viele, wenig, das wenige, das meiste, (der, die, das) eine, (der, die, das) andere
Die unbestimmten Zahlwörter **ein bisschen** und **ein paar** (= einige) werden kleingeschrieben. Das gilt auch für den Ausdruck **die beiden, beide**.	• Darf es ein **b**isschen mehr sein? • Kennst du die **b**eiden? • Er äußerte ein **p**aar gute Ideen.
Bruchzahlen auf **-tel** und **-stel**, die direkt vor Maßangaben oder Zahlen stehen, werden kleingeschrieben.	• eine **h**undertstel Sekunde (auch: eine Hundertstelsekunde)
Die Grundzahlen (Kardinalzahlen) unter einer Million werden kleingeschrieben.	• Meine Großmutter ist **d**reiundachtzig. • Du musst die Zahl durch **s**echs teilen. • In der Metropole wohnen **s**echs Millionen Menschen.

Orts- und Herkunftsbezeichnungen auf **-isch** werden kleingeschrieben, wenn sie nicht Bestandteil eines Eigennamens sind.	• Die **h**olländische Nordseeküste ist sehr beliebt. • Zu einem **c**hinesischen Essen gehört fast immer Reis.
Adjektive auf **-isch** bzw. **-sch**, die von Personennamen abgeleitet sind, werden ebenfalls kleingeschrieben.	• die brechtschen Dramen (auch: die Brecht'schen Dramen) • sokratische Argumentation
Zeitangaben in der Form eines Adverbs schreibt man klein.	• Jonas geht **m**orgens fast immer zum Frühschwimmen. • Die Innenstadt ist **f**reitagmittags ziemlich voll.
Wörter mit dem Wortbaustein **-mal** werden kleingeschrieben, wenn es Adverbien sind.	• Er hat beim Weitsprung **d**reimal übergetreten. • Das solltest du **n**iemals vergessen.
Die persönlichen Anredepronomen **du** und **ihr** und die Possessivpronomen **dein** und **euer** werden in der Regel kleingeschrieben.	• Leihst **du** mir bitte **dein** Fahrrad?
Manche Verben sind mit ursprünglichen Nomen/Substantiven, die ihre eigenständige Bedeutung verloren haben, zusammengesetzt. Wird solch ein Ausdruck im Satzzusammenhang getrennt, werden die ursprünglichen Nomen/Substantive kleingeschrieben.	• leidtun: Es tut mir **l**eid. • teilnehmen: Sie nimmt **t**eil.
Präpositionen (Verhältniswörter) wie **dank, kraft, trotz, seitens, zeit (seines Lebens)** werden kleingeschrieben.	• Er ist **d**ank seiner Ausdauer gut ins Ziel gekommen.
Einige feste Verbindungen aus einer Präposition und einem nicht gebeugten (nicht deklinierten) Adjektiv ohne vorangehenden Artikel schreibt man klein.	• über kurz oder lang • durch dick und dünn • von fern
Die Verbindung **infolge** schreibt man immer zusammen und klein.	• Marie kann **infolge** einer Erkrankung nicht kommen.

Groß- oder Kleinschreibung – Überblick

Die Wörter **recht/Recht** und **unrecht/Unrecht** können in Verbindung mit Verben wie **behalten, bekommen, geben, haben, tun** klein- oder großgeschrieben werden.	• Du hast mir u/Unrecht getan.
Ausdrücke, die die Aufgabe einer Präposition haben und mit einem Nomen/Substantiv verbunden sind, können häufig getrennt oder zusammengeschrieben werden. Bei der Getrenntschreibung wird das Nomen/Substantiv großgeschrieben.	• anstelle/an Stelle, aufgrund/auf Grund, aufseiten/auf Seiten; mithilfe/mit Hilfe, vonseiten/von Seiten, zugunsten/zu Gunsten, zulasten/zu Lasten, zuungunsten/zu Ungunsten (aber: infolge von)
Einige Verbindungen mit einem Nomen/Substantiv können getrennt oder zusammengeschrieben werden. Bei Getrenntschreibung wird das Nomen/Substantiv großgeschrieben.	• außerstande sein/außer Stande sein, infrage stellen/in Frage stellen, zugrunde gehen/zu Grunde gehen, zuhause bleiben/zu Hause bleiben, zuleide tun/zu Leide tun, zumute sein/zu Mute sein
Ausdrücke, die die Aufgabe einer adverbialen Bestimmung übernehmen und mit *aufs* oder *auf das* eingeleitet werden, können groß- oder kleingeschrieben werden. Diese Ausdrücke, die eine Höchststufe beinhalten, erfragt man mit „Wie?".	• aufs Schärfste/aufs schärfste
Feste Verbindungen aus einer Präposition und einem gebeugten (deklinierten) Adjektiv ohne vorangehenden Artikel kann man groß- oder kleinschreiben.	• von neuem/von Neuem • von weitem/von Weitem • bis auf weiteres/bis auf Weiteres • ohne weiteres/ohne Weiteres • seit längerem/seit Längerem
Die nebenstehenden Zahlwörter und Mengenangaben werden in der Regel kleingeschrieben. Sie können auch großgeschrieben werden, wenn der Schreiber/die Schreiberin den substantivischen Charakter betonen möchte.	• viel, das viele, wenig, das wenige, das meiste, (der, die, das) eine, (der, die, das) andere • Die Einen meinen dies, die Anderen das.

Getrennt- und Zusammenschreibung

Wortgruppe oder Zusammensetzung?

REGEL

Bei der Getrennt- und Zusammenschreibung von Wörtern, die in einem Text unmittelbar nebeneinander stehen, ist zu unterscheiden, ob es sich um eine **Wortgruppe** oder um eine **Zusammensetzung** handelt. Wörter, die eine Wortgruppe bilden, werden getrennt geschrieben. Zusammensetzungen aus Wörtern schreibt man entsprechend zusammen.
In einigen Fällen können Wörter, die im Satz nebeneinander stehen, eine Wortgruppe oder eine Zusammensetzung bilden. Dieses hängt davon ab, wie der Ausdruck gemeint ist.

Beispiel
Wortgruppe:	Du kannst mich **zu jeder Zeit** besuchen.
Zusammensetzung:	Du kannst mich **jederzeit** besuchen.
Wortgruppe:	Nach der Operation kann er **wieder sehen**.
Zusammensetzung:	Ich würde dich so gern **wiedersehen**.

Zusammengesetzte Wörter

REGEL

Es gibt zahlreiche Wörter in der deutschen Sprache, die aus mehreren Einzelwörtern zusammengesetzt sind. Sie werden zusammengeschrieben. Man nennt diese Wörter Komposita (Einzahl: das Kompositum).
Jedes zusammengesetzte Wort besteht aus einem Grundwort und einem Bestimmungswort. Das Grundwort steht an letzter Stelle, von ihm hängt ab, zu welcher Wortart die Zusammensetzung gehört.

Beispiel

Auto	+	Reifen:	Autoreifen
Bestimmungswort		*Grundwort (Nomen)*	*Nomen*
Haus	+	hoch:	haushoch
Bestimmungswort		*Grundwort (Adjektiv)*	*Adjektiv*

1. Zusammensetzungen aus Nomen/Substantiv + Nomen/Substantiv

Pech	+	Vogel:	Pechvogel
Klasse	+	Zimmer:	Klassenzimmer
Tor	+	Einfahrt:	Toreinfahrt
Schiff	+	Fahrt:	Schifffahrt (auch: Schiff-Fahrt)
Goethe	+	Gedicht:	Goethegedicht

2. Zusammensetzungen aus Nomen/Substantiv + Adjektiv

Riese	+	groß:	riesengroß
Meile	+	weit:	meilenweit
Sport	+	begeistert:	sportbegeistert

3. Zusammensetzungen aus Adjektiv + Nomen/Substantiv

kurz	+	Schluss:	Kurzschluss
leicht	+	Athletin:	Leichtathletin
klein	+	Wagen:	Kleinwagen

4. Zusammensetzungen aus Adjektiv + Adjektiv

feucht	+	kalt:	feuchtkalt
gelb	+	rot:	gelbrot
lau	+	warm:	lauwarm

5. Zusammensetzungen aus Verb + Nomen/Substantiv

backen	+	Stube:	Backstube
laufen	+	Schuhe:	Laufschuhe
spielen	+	Platz:	Spielplatz

6. Zusammensetzungen aus Pronomen + Nomen/Substantiv

ich	+	Erzählung:	Icherzählung (auch: Ich-Erzählung)
wem	+	Fall:	Wemfall (auch: Wem-Fall)
niemand	+	Land:	Niemandsland

7. Zusammensetzungen aus Adverb + Nomen/Substantiv

jetzt	+	Zeit:	Jetztzeit
abwärts	+	Trend:	Abwärtstrend

Ü 178 Bilde aus den folgenden Wörtern sinnvolle Zusammensetzungen. Achte darauf, welche Wortart jeweils entsteht. Einige Wörter kannst du auch mehrfach verwenden.

rennen, Kleider, Auto, Straße, breit, Hand, Bügel, schnell, Schlüssel, blau, Schrank, lang, Meter, dick, Finger, Beutel, Tee, hell, Himmel

Zusammensetzungen wie die zuvor genannten bereiten normalerweise bei der Rechtschreibung keine Probleme. Hier hilft vielfach auch das Sprachgefühl, richtig zu schreiben.
Im Folgenden werden im Zusammenhang mit einzelnen Wortarten die Regelungen im Bereich der Getrennt- und Zusammenschreibung ausführlicher behandelt. Dabei kann es nicht darum gehen, jede Einzelheit aufzuzeigen. Hier gilt: im Zweifelsfall im Wörterbuch nachschlagen.

Verbindungen mit einem Verb als zweitem Bestandteil

Bei einer Verbindung mit einem Verb als zweitem Bestandteil muss man unterscheiden, ob es sich um eine sogenannte untrennbare oder trennbare Verbindung handelt.

Untrennbare Verbindungen

REGEL
Verben können mit anderen Wortarten (Nomen/Substantiven, Adjektiven, Präpositionen, Adverbien) Zusammensetzungen bilden, die untrennbar sind. Das bedeutet, dass die Reihenfolge der Bestandteile in allen gebeugten Formen gleich bleibt. Diese Verbindungen schreibt man immer zusammen.

Beispiel schlussfolgern, ich schlussfolgere (nicht: sie folgert schluss), sie hat geschlussfolgert
sich langweilen, ich langweile mich, sie hat sich gelangweilt

Ü 179 Zeichne eine Tabelle und trage wie in dem Beispiel die einzelnen Formen zu folgenden untrennbaren Verbindungen mit einem Verb ein. Denk daran, dass sich die Reihenfolge der Bestandteile nicht ändert.

handhaben, widersprechen, wehklagen, maßregeln, liebäugeln, vollbringen, umfahren (ein Hindernis), frohlocken, unterstellen (behaupten), übersetzen (einen Text)

Infinitiv	1. Person Singular, Präsens	3. Person Singular, Perfekt
schlussfolgern	ich schlussfolgere	sie hat geschlussfolgert
...		

REGEL
In einigen Fällen, in denen ein Nomen/Substantiv mit einem Verb verbunden ist, kannst du den jeweiligen Ausdruck auch als Wortgruppe ansehen und getrennt schreiben.

Beispiel gewährleisten/Gewähr leisten: ich gewährleiste – ich leiste Gewähr
danksagen/Dank sagen: ich danksage – ich sage Dank
staubsaugen/Staub saugen: ich staubsauge – ich sauge Staub

Trennbare Verbindungen

> **REGEL**
> Verben können mit anderen Wortarten (Partikeln, Adjektive, Nomen/Substantive) Zusammensetzungen bilden, die nur im Infinitiv, im Partizip I und II und bei Endstellung im Gliedsatz/Nebensatz ihre Reihenfolge behalten und zusammengeschrieben werden. Man spricht dabei von trennbaren Verbindungen.

Beispiel gleiche Reihenfolge: einführen (Infinitiv); die einführenden Worte (Partizip I); das eingeführte Buch (Partizip II); es gefiel mir, wie sie in das Problem einführte (Endstellung im Gliedsatz)

veränderte Reihenfolge: ich führe ein

gleiche Reihenfolge: fernsehen; fernsehend; ferngesehen; ich will nicht, dass du fernsiehst

veränderte Reihenfolge: ich sehe fern

Es gibt insgesamt ca. 90 Partikeln (vor allem Präpositionen und Adverbien), die mit Verben Zusammensetzungen bilden können. Einige wichtige sind in der linken Spalte der folgenden Tabelle aufgelistet.

ab, abhanden, abwärts, an, aus, auseinander, davon, davor, dazu, dazwischen, drauflos, durch, ein, empor, entgegen, entzwei, fort, gegenüber, her, herab, herauf, herum, herunter, hinauf, hinaus, hindurch, hinterher, hinzu, mit, nebenher, nieder, rückwärts, über, umher, vor, voran, voraus, vorbei, vorher, vorlieb, vorwärts, vorweg, weg, weiter, wieder, zu, zurecht, zurück, zusammen, zuvor	brechen, drücken, gehen, holen, kommen, laufen, reden, rennen, schlagen, setzen, springen, steigen, stellen, tauchen, treten, werfen

Ü 180 Verbinde insgesamt 10 Wörter aus der linken Spalte der Tabelle mit einem passenden Verb aus der rechten Spalte und schreibe die Zusammensetzung wie in dem Beispiel auf.

Beispiel *ab + beißen = abbeißen*

Ü 181 Zeichne folgende Tabelle in dein Heft und trage zu fünf trennbaren Verbindungen aus der Liste die entsprechenden Formen ein.

Infinitiv	1. Person Singular Präsens	1. Person Plural Perfekt	Imperativ Plural
hinauflaufen	ich laufe hinauf	ich bin hinaufgelaufen	Lauft hinauf!
…	…	…	…

Ü 182 Schreibe den folgenden Text in der richtigen Form auf.

Aus der Zeitung
Bei einem glimpflich verlaufenen Verkehrsunfall sind am Donnerstagabend ein PKW und ein Motorrad ZUSAMMENGESTOSSEN. Der Fahrer des PKW war mit überhöhter Geschwindigkeit den Stellberg HERUNTERGEFAHREN und auf regennasser Fahrbahn infolge von Aquaplaning ins Schleudern geraten. Der ihm ENTGEGENKOMMENDE Motorradfahrer konnte nicht mehr AUSWEICHEN und prallte gegen die Beifahrerseite. Wie durch ein Wunder blieben beide Fahrzeughalter unverletzt. Auto und Motorrad mussten ABGESCHLEPPT werden. Bei dem PKW-Fahrer wurde ein Alkoholtest VORGENOMMEN. Sein Führerschein wurde vorläufig EINGEZOGEN.

> **REGEL**
> Bei einigen Verbindungen mit den Bestandteilen aus der linken Spalte der Tabelle auf S. 107 ergibt sich erst aus dem Zusammenhang, ob es sich um eine Wortgruppe, also eine Gruppe eigenständiger Wörter, oder um eine Zusammensetzung handelt.
> **Ein Tipp**: Bei einer Wortgruppe liegt die Betonung oft auf beiden Wörtern, bei einer Zusammensetzung auf dem ersten Bestandteil. Im Zweifelsfall solltest du immer nachschlagen.

Beispiel

Zusammensetzung:	Wortgruppe:
• Ich möchte dein Vertrauen <u>wieder</u>gewinnen (zurückgewinnen).	• Ich glaube, unser Verein wird heute <u>wieder</u> (noch einmal) gewinnen.
• Er ist noch einmal <u>davon</u>gekommen.	• Die Erkältung ist <u>davon gekommen</u>, dass ich mich nicht vor dem Regen geschützt habe.
• Du wirst an deinem neuen Arbeitsplatz <u>zurecht</u>kommen.	• Zu <u>Recht bekommst</u> du diese Auszeichnung.

Ü 183 Schreibe die folgenden Satzpaare in der richtigen Form in dein Heft. Überlege genau, bei welchem Ausdruck es sich um eine Wortgruppe handelt, die getrennt geschrieben wird, und bei welchem eine Zusammensetzung vorliegt.

- Du solltest ihm nicht mehr HINTERHERLAUFEN.
  Ich halte dich fest, HINTERHERLÄUFST du mir noch weg.
- Sollen wir HINAUFLAUFEN oder HINAUFFAHREN?
  Die Katze ist schon wieder die Dachrinne HINAUFGELAUFEN.
- Wenn ich dich nicht WIEDERSEHEN kann, verzweifle ich.
  Nach der Operation konnte sie WIEDERSEHEN.

REGEL
Stehen gebeugte Verben, die mit den Wörtern aus der Liste auf S. 107 zusammengesetzt sind, an erster Stelle im Satz, werden die Bestandteile getrennt geschrieben.

Beispiel *Wann wird er wieder herauskommen?*
Heraus kommt er erst dann, wenn die Bedingungen erfüllt sind.

Verbindungen aus einem Adjektiv und einem Verb

REGEL
Verbindungen aus einem Adjektiv und einem Verb werden zusammengeschrieben, wenn eine neue Gesamtbedeutung entsteht.

Beispiel *Der Angeklagte wurde vom Vorwurf des Betrugs freigesprochen.*
Aber:
Bei einem Referat solltest du frei sprechen.

Ü 184 Entscheide, ob bei den folgenden Verbindungen jeweils eine neue Bedeutung entsteht und du zusammenschreiben musst oder ob beide Bestandteile ihre ursprüngliche Bedeutung behalten und getrennt geschrieben wird.

- Wenn du dich RICHTIGAUFWÄRMEN willst, solltest du zunächst LANGSAMLAUFEN.
- Ella ist es nicht SCHWERGEFALLEN, sich bei ihrem Freund zu entschuldigen.
- Über manche Witze könnte ich mich KRANKLACHEN.
- Diese Gemüsesuppe wird KALTGEGESSEN.
- Wenn du ein Gedicht vorträgst, solltest du nicht nur LAUTSPRECHEN, sondern auch deutlich.
- Der Abteilungsleiter wurde vom Firmenchef KALTGESTELLT.
- Wenn ihr immer so HEIMLICHTUT, erzeugt das Misstrauen.
- Beim letzten Wettkampf ist Jonas SCHWERGESTÜRZT.
- Darauf lasse ich mich nicht FESTNAGELN.
- Beim Abschied hat er sie noch einmal FESTGEDRÜCKT.
- In der katholischen Kirche gibt es ein Ritual, Verstorbene HEILIGZUSPRECHEN.
- Du solltest nicht so GROßSCHREIBEN, der Platz reicht ansonsten nicht.
- Adjektive werden KLEINGESCHRIEBEN.

> **REGEL**
> Verbindungen aus einem Verb und einem vorangestellten Adjektiv können sowohl zusammen- als auch getrennt geschrieben werden, wenn das Adjektiv ein Ergebnis des im Verb ausgedrückten Vorgangs bezeichnet.

Beispiel kaputtmachen/kaputt machen, leeressen/leer essen, kleinschneiden/klein schneiden, glatthobeln/glatt hobeln, blankputzen/blank putzen

Verbindungen aus einem Nomen/Substantiv und einem Verb

> **REGEL**
> Verbindungen aus einem Nomen/Substantiv und einem Verb bilden in der Regel eine Wortgruppe und werden getrennt geschrieben.

Beispiel Rad fahren, Ski laufen, Urlaub machen

Ü 185 Suche zu jedem Nomen/Substantiv aus der linken Spalte ein passendes Verb aus der mittleren Spalte, verbinde die beiden Wörter mit einer Linie und schreibe die jeweilige Wortgruppe in die rechte Spalte.

Nomen/Substantiv	Verb	Wortgruppe
Angst	laufen	
Pizza	haben	
Ski	essen	
Pleite	machen	
Maß	stehen	
Rad	halten	
Schlange	schlucken	
Feuer	fahren	
Urlaub	nehmen	

+ =

> **REGEL**
> Wird eine Verbindung aus einem Nomen/Substantiv **wie ein Adjektiv** gebraucht, kann getrennt oder zusammengeschrieben werden. Der Ausdruck bildet in diesem Fall zum Beispiel ein **Attribut** oder **Prädikativum**. Das Attribut bestimmt ein Nomen/Substantiv näher; das Prädikativum steht immer zusammen mit den Hilfsverben *sein* und *gelten als* und bestimmt das Subjekt eines Satzes näher.

Beispiel Im Urlaub möchte ich gern Ski laufen.
Österreich gehört zu den Ski laufenden/skilaufenden Nationen. *(Adjektivischer Gebrauch, Attribut zu dem Nomen/Substantiv „Nationen")*

Wenn Stoffe Krebs erzeugen, müssen sie verboten werden.
Immer häufiger werden Krebs erzeugende/krebserzeugende Stoffe verboten. *(Adjektivischer Gebrauch, Attribut zu dem Nomen/Substantiv „Stoffe")*

Dieser Stoff ist Krebs erzeugend/krebserzeugend. *(Adjektivischer Gebrauch, Prädikativum zu dem Subjekt „Stoff")*

Ü 186 Schreibe die folgenden Sätze in der richtigen Form in dein Heft. Überlege genau, wo du getrennt schreiben musst und wo es dir freigestellt ist, getrennt oder zusammenzuschreiben.

- Wenn du SILBENTRENNEN willst, musst du deutlich sprechen.
  Der Buchstabe h dient gelegentlich als SILBENTRENNENDES h.
- Autofahrer müssen auf FAHRRADFAHRENDE Schülerinnen und Schüler besonders aufpassen.
  Schülerinnen und Schüler, die FAHRRADFAHREN, kommen häufig ausgeruhter in die Schule.
- Auf der Vulkaninsel Lanzarote gibt es keine FEUERSPEIENDEN Berge mehr.
  Der Ätna gehört zu den Vulkanen, die immer wieder FEUERSPEIEN.
- Diese Creme ist HAUTAUFFRISCHEND.
  Mit dieser Lotion kannst du deine HAUTAUFFRISCHEN.
- Wenn man EISISST, darf man viele Geschäfte nicht betreten.
  In vielen Geschäften sind EISESSENDE Kunden nicht erwünscht.
- Diese Pflanze gilt als FLEISCHFRESSEND.
  In einigen Ländern gibt es Pflanzen, die FLEISCHFRESSEN.

> **REGEL**
> Verbindungen aus einem ehemaligen Nomen/Substantiv und einem Verb werden zusammengeschrieben, wenn das Nomen/Substantiv seine eigenständige Bedeutung verloren hat. In vielen Fällen kannst du vor ein solches Nomen/Substantiv nicht das Wort *kein* setzen.

Beispiel eislaufen, kopfstehen, leidtun, heimkehren, nottun, standhalten, stattfinden, teilhaben, teilnehmen
Er fährt Auto – Er fährt kein Auto. *(Auto fahren = Wortgruppe)*
Er steht kopf – Nicht: Er steht keinen Kopf *(kopfstehen = Zusammensetzung)*

Ü 187 Trage die passenden Zusammensetzungen aus der Liste zuvor in die folgenden Sätze ein.

- Wenn es dir wirklich _____, solltest du dich entschuldigen.
- Als sie _____, wurde sie überschwänglich von ihrem Freund begrüßt.
- Wegen der schlechten Witterung muss das Schulfest in der Turnhalle _____.
- Sie beabsichtigte zunächst, an der Veranstaltung nicht _____, entschied sich dann aber doch anders.
- Die Schülerinnen und Schüler möchten am Winterwandertag noch einmal _____.

> **REGEL**
> In einigen Fällen ist es freigestellt, ob Verbindungen aus einem Nomen/Substantiv und einem Verb getrennt oder zusammengeschrieben werden.

Beispiel *Acht geben/achtgeben, Halt machen/haltmachen, Maß halten/maßhalten, Staub saugen/staubsaugen*

> **REGEL**
> Werden Verbindungen aus einem Nomen/Substantiv und einem Verb zu einem Nomen/Substantiv, also nominalisiert/substantiviert, wird in jedem Fall groß- und zusammengeschrieben.

Beispiel *Er verletzte sich beim Fußballspielen. (Nominalisierung/Substantivierung)*
Sie drückte sich vor dem Staubsaugen. (Nominalisierung/Substantivierung)

Verbindungen aus zwei Verben

> **REGEL**
> Verbindungen aus zwei Verben werden in der Regel getrennt geschrieben.

Beispiel *laufen lernen, schwimmen gehen, schreiben üben*
In welchem Alter hast du lesen gelernt?

Ü 188 Stelle aus der folgenden Tabelle passende Wortgruppen zusammen und bilde jeweils einen Satz damit.

REGEL
Bei einer Verbindung mit den Verben *bleiben* und *lassen* kannst du auch zusammenschreiben, wenn sich eine **neue Bedeutung** ergibt. Das gilt auch für die Verbindung **kennen lernen/kennenlernen**.
Die Getrenntschreibung von zwei Verben ist aber in jedem Fall auch richtig.

Beispiel *Er ist auf einer Bank sitzen geblieben.*
(ausschließlich Getrenntschreibung)
Er ist in der Schule sitzen geblieben/sitzengeblieben.
(übertragene Bedeutung)

Ü 189 Trage in die folgenden Sätze die richtige Form ein. Denk daran, dass du bei übertragener Bedeutung auch zusammenschreiben kannst.

- Mein Vater hat versehentlich seinen Koffer am Bahnsteig _____ . (STEHENLASSEN)
- Wenn du noch länger im Bett _____ (LIEGENBLEIBEN), verpasst du den Bus.
- Der Junge, den Paula im Urlaub _____ hat, (KENNENLERNEN), kommt aus Frankreich.
- Viele berühmte Personen sind während ihrer Schulzeit _____ . (SITZENBLEIBEN)
- Wenn es wahr ist, was man sich über Kai erzählt, dann möchte Laura am Samstag unbedingt mit ihm _____ . (SCHWIMMENGEHEN)
- Du kannst mich doch nicht einfach so _____ (STEHENLASSEN), nur weil ich anderer Meinung bin!
- Meine Schwester hat bereits mit fünf Jahren _____ . (LESENLERNEN)
- Wegen seiner Erkrankung war die meiste Arbeit wochenlang _____ . (LIEGENBLEIBEN)

- Hast du die Verabredung schon wieder _____? (SAUSENLASSEN)

Verbindungen mit dem Hilfsverb sein

REGEL
Verbindungen mit dem Hilfsverb *sein* stellen eine Wortgruppe dar und werden deshalb immer getrennt geschrieben. Das gilt auch für Verbindungen mit dem Partizip I oder II des Hilfsverbs *sein*.

Beispiel da sein, da gewesen, fertig sein, hinüber sein, los sein, vorbei sein, zurück sein
Ich werde da sein, wenn du mich brauchst.

Ü 190 Trage die richtigen Formen in die Lücken ein.

- Wenn Marek mit den Hausaufgaben _____ (FERTIGSEIN), fährt er sofort zu Lea.
- Auf den Zirkus freut Jannes sich immer wieder, obwohl er schon so oft _____ ist. (DASEIN)
- Du bist so lange _____ (FORTSEIN), ich kann mich gar nicht mehr richtig an dein Aussehen erinnern.
- Sagst du mir Bescheid, wenn das Mittagessen _____? (FERTIGSEIN)
- Wenn alles _____ (VORBEISEIN), will er sich ein paar Tage freinehmen.
- Obwohl Piet schon _____ (ZURÜCKSEIN), hat er sich noch nicht gemeldet.

Verbindungen mit einem Adjektiv oder Partizip als zweitem Bestandteil

Adjektive und Partizipien können mit anderen Wortarten wie Nomen/Substantiv, Adjektiv, Verb, Adverb Zusammensetzungen bilden. Im Einzelnen gilt:

Verkürzte Wortgruppen

> **REGEL**
> Kann der erste Bestandteil einer Verbindung mit einem Adjektiv oder Partizip mit einer Wortgruppe umschrieben werden, wird zusammengeschrieben.

Beispiel **Zusammensetzung:** **Wortgruppe:**
fingerdick *einen Finger dick*
jahrelang *mehrere Jahre lang*
herzerquickend *das Herz erquickend*

Ü 191 Bilde aus den folgenden Wortgruppen Zusammensetzungen mit einem Adjektiv oder Partizip als zweitem Bestandteil.

Wortgruppe	Zusammensetzung
vor Freude strahlend	freudestrahlend
lang bis zum Knöchel	
mehrere Meter hoch	
gegen Kälte beständig	
von Angst erfüllt	
hart wie Eisen	
vom Sport begeistert	

Verbindungen mit Bestandteilen, die nicht allein vorkommen

> **REGEL**
> Verbindungen mit Bestandteilen, die nicht allein vorkommen, werden immer zusammengeschrieben.

Beispiel *kleinwüchsig, großzügig, hartherzig, einfach, kleinschrittig*

Verbindungen aus gleichrangigen Adjektiven

REGEL
Verbindungen aus gleichrangigen Adjektiven werden zusammengeschrieben.

Beispiel taubstumm, nasskalt, graublau

Verbindungen mit bedeutungsverstärkenden Bestandteilen

REGEL
Adjektive, die mit bedeutungsverstärkenden Bestandteilen verbunden werden, werden zusammengeschrieben. Dazu gehören Bestandteile wie bitter-, brand-, dunkel-, extra-, hyper-, lau-, stock-, super-, tod-, ultra-, ur-, voll-.

Beispiel bitterböse, dunkelrot, extradünn, superschlank, hypermodern

Ü 192 Schreibe die folgenden Adjektive mit einem passenden bedeutungsverstärkenden Bestandteil aus der Liste oben neu auf.

traurig: _____   grün: _____

gefährlich: _____   dumm: _____

scharf: _____   warm: _____

leicht: _____   arm: _____

alt: _____   breit: _____

aktuell: _____   schnell: _____

Partizipien aus zusammengesetzten Verben

REGEL
Partizipien, die aus zusammengesetzten Verben gebildet werden, schreibt man ebenfalls zusammen.

Beispiel schlafwandelnd (Infinitiv: schlafwandeln), heimgesucht (Infinitiv: heimsuchen), herabgestiegen (herabsteigen)

Ü 193 Schreibe neben die Partizipien jeweils den Infinitiv des zugrunde liegenden Verbs.

Partizip I oder II	Infinitiv
untergetaucht	
irregeleitet	
teilhabend	
stattgefunden	
ferngesehen	
heimgekehrt	

Weitere Regeln zur Verbindung mit einem Partizip

REGEL
In einigen Fällen kann eine Verbindung mit einem Partizip sowohl als Zusammensetzung als auch als Wortgruppe angesehen werden. Das gilt für den Fall, dass die Verbindung **adjektivisch** (z. B. als **Prädikativum** oder als **Attribut**) gebraucht wird. Hier ist die Schreibweise freigestellt (s. auch S. 110 – 111).

Beispiel   die Bus fahrenden/busfahrenden Schüler (Attribut)
ein klein geschnittener/kleingeschnittener Apfel (Attribut)
ein selbst geschriebenes/selbstgeschriebenes Gedicht (Attribut)
Dieses Gedicht ist selbst geschrieben/selbstgeschrieben. (Prädikativum)

REGEL
Freigestellt ist die Schreibweise auch, wenn dem Partizip (oder Adjektiv) ein einfaches Adjektiv vorausgeht, das die Bedeutung verstärkt oder abschwächt bzw. eine Abstufung beinhaltet.

Beispiel   eine allgemein gültige/allgemeingültige Regel
ein schwer verständlicher/schwerverständlicher Text
ein hoch qualifizierter/hochqualifizierter Mitarbeiter
ein schwer kranker/schwerkranker Junge

REGEL
Ist der erste Bestandteil jedoch gesteigert oder erweitert, wird getrennt geschrieben.

Beispiel   ein sehr schwer verständlicher Text
ein höher qualifizierter Mitarbeiter

> **REGEL**
> Verbindungen der Partikel *nicht* mit einem Adjektiv oder Partizip können getrennt oder zusammengeschrieben werden.

Beispiel   eine nicht genehmigte/nichtgenehmigte Versammlung
   aber:
   Die Veranstaltung ist nicht genehmigt.
   (Die Partikel nicht bezieht sich auf den ganzen Satz.)

Ü 194   Lies dir die Regeln zur Zusammen- und Getrenntschreibung von Verbindungen mit einem Adjektiv oder Partizip noch einmal durch und schreibe anschließend die folgenden Sätze in der richtigen Weise auf.

- Raumfahrzeuge besitzen eine HITZEBESTÄNDIGE Schutzschicht, die ein Verglühen beim Eintritt in die Erdatmosphäre verhindert.
- Der aufgeschüttete Berg aus Plastikflaschen war MEHREREMETERHOCH.
- Ich habe TAGELANG auf euch gewartet.
- Während der Bauarbeiten wird der Verkehr EINSPURIG über den Standstreifen geführt.
- Das Klima in dieser Region ist vorwiegend FEUCHTWARM.
- Sie trägt nur SUPERMODERNE Kleidung.
- Sein Referat war SCHWERVERSTÄNDLICH.
- Schwimmer sollten vor dem Sport keine oder nur LEICHTVERDAULICHE Speisen zu sich nehmen.
- Sie trug ein BLASSGRÜNES Sommerkleid.
- Anna ist ein SPORTBEGEISTERTES Mädchen.
- Zunächst war er sehr GROßSPURIG, dann jedoch nur noch KLEINLAUT.
- Einen SCHWERWIEGENDEREN Vorwurf, als den Verein betrogen zu haben, konnte man ihr nicht machen.
- Legt bitte die NICHTBESCHRIFTETEN Kopien auf den Tisch.
- Sie erhalten das Formular in DREIFACHER Ausfertigung.

Zusammen oder getrennt? – Weitere Wortarten

Im Folgenden werden einige weitere Regeln zur Zusammen- und Getrenntschreibung aufgelistet. Es geht vor allem um Pronomen, Präpositionen, Adverbien und Konjunktionen, die aus mehreren Bestandteilen bestehen.

Verbindungen mit dem Bestandteil irgend-

> **REGEL**
> Pronomen mit dem Bestandteil **irgend-** werden zusammengeschrieben.

Beispiel irgendwer, irgendwie, irgendjemand, irgendetwas
aber:
irgend so einer

Adverbial gebrauchte Verbindungen

REGEL
Mehrteilige Adverbien werden zusammengeschrieben, wenn die Wortart, die Wortform oder die Bedeutung der einzelnen Bestandteile nicht mehr klar erkennbar ist.

Beispiel bergab, kopfüber, infolgedessen, umständehalber, diesmal, keinmal, allerorten, seitwärts, nichtsdestoweniger

REGEL
In einigen Fällen ist es freigestellt, adverbial gebrauchte Verbindungen getrennt oder zusammenzuschreiben.

Beispiel außerstande sein/außer Stande sein, infrage stellen/in Frage stellen, zugrunde gehen/zu Grunde gehen, zuhause bleiben/zu Hause bleiben, zuleide tun/zu Leide tun, zumute sein/zu Mute sein, zurande kommen/zu Rande kommen, zuschulden kommen lassen/zu Schulden kommen lassen, zustande bringen/zu Stande bringen, zuwege bringen/zu Wege bringen

REGEL
Ist die Wortart, Wortform oder die Bedeutung solcher adverbial gebrauchter Ausdrücke deutlich erkennbar, wird getrennt geschrieben.

Beispiel zu Ende gehen, zu Fuß kommen, zu Hilfe kommen, zu Schaden kommen, zu Wasser und zu Lande, darüber hinaus, nach wie vor, vor allem

Mehrteilige Präpositionen

REGEL
Mehrteilige Verbindungen, die als Präposition verwendet werden, werden zusammengeschrieben, wenn die einzelnen Bestandteile ihre eigene Bedeutung verloren haben.

Beispiel inmitten von, infolge von, anhand der, anstatt des

> **REGEL**
> In einigen Fällen ist die Schreibweise mehrteiliger präpositionaler Ausdrücke freigestellt.

Beispiel anstelle/an Stelle, aufgrund/auf Grund, aufseiten/auf Seiten, mithilfe/mit Hilfe, vonseiten/von Seiten, zugunsten/zu Gunsten, zulasten/zu Lasten, zuungunsten/zu Ungunsten

Verbindungen mit den Bestandteilen gar und überhaupt

> **REGEL**
> Verbindungen mit den Bestandteilen **gar** und **überhaupt** werden getrennt geschrieben.

Beispiel gar nicht, gar kein, gar sehr, überhaupt nicht, gar niemand

Verbindungen mit den Partikeln so, wie, zu

> **REGEL**
> Verbindungen der Partikeln **so**, **wie**, **zu** mit unbestimmten Zahlwörtern oder Adjektiven werden getrennt geschrieben.

Beispiel so viel Arbeit, wie viele Stunden, zu weit gehen
Es ist in der Zwischenzeit so viel geschehen.

> **REGEL**
> Konjunktionen mit der Partikel **so** werden zusammengeschrieben.
> Die Konjunktion **sodass/so dass** kann getrennt oder zusammengeschrieben werden.

Beispiel Es ist, soweit (soviel) ich weiß, nicht erlaubt.
Sie kommt, sobald er geht.
Er ist verletzt, sodass/so dass er nicht spielen kann.

Ü 195 Schau dir die Regeln zu diesem Unterkapitel noch einmal an und schreibe die folgenden Sätze in der richtigen Form auf. Manchmal kannst du dich für eine Schreibweise entscheiden.

- Kommst du ZURANDE oder soll ich dir helfen?
- Sie wird SOWEIT laufen, bis sie die Wasserstelle erreicht hat.
- Sie lernte in kurzer Zeit, SOWEIT es überhaupt möglich war, alle Regeln auswendig.

- Kannst du mir ANSTELLE der SMS nicht eine kurze handschriftliche Mitteilung zukommen lassen?
- Von dem Vortrag habe ich GARNICHTS verstanden.
- Kann ihm IRGENDJEMAND helfen? Allein wird er nichts ZUWEGEBRINGEN.
- Es gibt VONSEITEN der Schulleitung keine Einwände.
- Unterstreiche alle Nomen MITHILFE eines Lineals.
- Ich bin DARÜBERHINAUS der Meinung, dass wir uns zu früh entschieden haben.
- Er schien sich ÜBERHAUPTNICHT über das Geschenk zu freuen.
- Wenn du ZUFUß kommen möchtest, musst du viel Zeit einplanen.
- Ich habe dir doch GARNICHTS ZULEIDE getan, warum bist du denn so abweisend?
- Der PKW landete AUFGRUND zu hoher Geschwindigkeit im Straßengraben und überschlug sich.
- Wenn du Fieber hast, solltest du ZUHAUSE bleiben.
- Die Sammlung erfolgt ZUGUNSTEN einer Stiftung, die sich um Notleidende kümmert.
- An der Theateraufführung haben mir VORALLEM die bunten Kostüme gefallen.
- Was du da vor der Klassenversammlung behauptet hast, stimmt ÜBERHAUPTNICHT.

Die Partikel zu in Verbindung mit Verben

Eine häufige Fehlerquelle ist die Zusammen- und Getrenntschreibung der Partikel *zu* in Verbindung mit Verben. Dieses Rechtschreibproblem taucht vor allem bei einfachen Infinitiven oder in Infinitivgruppen auf. Von einer Infinitivgruppe spricht man, wenn ein Infinitiv in Kombination mit der Partikel *zu* und weiteren Wörtern auftritt.

Beispiel Greta weigert sich *zu gehorchen*.
Sie ist es leid, *immer auf ihre Eltern zu hören*.
Sie freut sich darauf, *mit ihren Freundinnen in den Urlaub zu fahren*.

REGEL
Getrennt geschrieben wird, wenn die Partikel **zu** vor einem einfachen Verb im Infinitiv steht.

Beispiel Marie versuchte, laut zu rufen, aber ihr versagte die Stimme. (Infinitiv: rufen)
Versucht bitte, bei euren Referaten frei zu sprechen. (Infinitiv: sprechen)

REGEL
Handelt es sich um ein zusammengesetztes Verb, steht in Infinitivgruppen die Partikel **zu** meistens zwischen den beiden Bestandteilen des Verbs. In diesem Fall wird zusammengeschrieben.

Beispiel Ella weigert sich, ihr Abendbrot aufzuessen. (Infinitiv: aufessen)
Sie hatte die Aufgabe, den Brief wegzubringen. (Infinitiv: wegbringen)
Die Richterin hatte nicht die Absicht, den Angeklagten freizusprechen. (Infinitiv: freisprechen)

Ü 196 Ergänze die folgenden Sätze.

- Sie freute sich darauf, ihn _____. (wiedersehen)
- Er traute sich nicht, sie _____. (ansprechen)
- Er konnte nicht anders, als sie pausenlos _____. (anstarren)
- Ihr fällt es morgens immer schwer, sich _____. (aufraffen)
- Er konnte es kaum erwarten, seine Abschlussarbeit endlich _____. (abgeben)
- Der Filialleiter entschied, zwei neue Aushilfen _____. (einstellen)

> **REGEL**
> In einigen Fällen wird die Partikel **zu** getrennt von einem zusammengesetzten Verb geschrieben. Dies ist dann der Fall, wenn der vom Verb gebildete Teil deutlich betont ist.

Beispiel *Die Polizei rät, die Unfallstelle weiträumig zu umfahren. (Infinitiv: umfahren)*
Er verspricht, ihr die wertvolle Münzsammlung zu überlassen. (Infinitiv: überlassen)

Ü 197 Schreibe die folgenden Sätze in der richtigen Form auf.

- Es war ganz und gar nicht seine Absicht, den Briefkasten des Nachbarn UMZUFAHREN. Es wäre sicherlich besser gewesen, ihn ZUUMFAHREN.
- Tim weigerte sich, seinen Fehler EINZUSEHEN und sich ZUENTSCHULDIGEN.
- Das junge Paar kann es kaum erwarten, aus der alten, zu klein gewordenen Wohnung AUSZUZIEHEN und das neue Haus am Stadtrand ZUBEZIEHEN.
- Nur haben sie keine Lust, ihre Möbel ABZUBAUEN und ihr ganzes Hab und Gut in Umzugskisten ZUVERSTAUEN.
- Der Wanderer bittet den Förster, ihm den Weg zum Hermannsdenkmal ZUZEIGEN.
- Es war seine Aufgabe, dem Spion die geheime Botschaft ZUÜBERMITTELN.
- Theo nimmt an einem Seminar teil, um endlich seine Flugangst ZUÜBERWINDEN.
- Bevor man eine wichtige Entscheidung trifft, ist es sinnvoll, das Für und Wider ABZUWÄGEN und sich genau ZUINFORMIEREN.
- Rosalie begleitet ihre Freundin zum Flughafen, um sie persönlich ZUVERABSCHIEDEN und ihr alles Gute für die lange Reise ZUWÜNSCHEN.
- Außerdem verspricht sie ihr, sie in sechs Monaten wieder vom Flughafen ABZUHOLEN.

Getrennt- und Zusammenschreibung – Überblick

Verbindungen mit einem Verb als zweitem Bestandteil

Untrennbare und trennbare Verbindungen	
Verbindungen mit einem Verb werden zusammengeschrieben, wenn die Reihenfolge der Bestandteile in allen gebeugten Formen gleich bleibt (untrennbare Verbindungen).	• hintergehen, ich hintergehe, ich wurde hintergangen • schlussfolgern, ich schlussfolgere, ich habe geschlussfolgert • weitere untrennbare Verbindungen: handhaben, lobpreisen, maßregeln, nachtwandeln, schlafwandeln
Verben können mit anderen Wortarten (Partikeln, Adjektive, Nomen/Substantive) Verbindungen eingehen, die nur im Infinitiv, im Partizip und bei Endstellung im Satz zusammengeschrieben werden (trennbare Verbindungen).	• herabsteigen, herabsteigend, herabgestiegen; ich möchte nicht, dass ihr jetzt schon herabsteigt
Häufig sind es ehemalige Präpositionen oder Adverbien, die mit Verben eine solche trennbare Verbindung bilden können: an-, auf-, auseinander-, vorwärts-, zurück-, … Bei diesen Verbindungen liegt die Wortbetonung sehr oft auf dem ersten Bestandteil.	• <u>an</u>kommen, <u>auf</u>steigen, <u>zurück</u>laufen, aus<u>ein</u>andergehen, <u>vor</u>wärtsfahren
In einigen Fällen liegt bei einer Verbindung aus einer Präposition oder einem Adverb und einem Verb die Betonung deutlich auf dem zweiten Bestandteil. Auch hier wird zusammengeschrieben, weil es sich um eine untrennbare Verbindung handelt.	• eine Regel durch<u>brech</u>en, jemandem wider<u>sprech</u>en, die Umleitung um<u>fahr</u>en, einen Text über<u>setz</u>en, etwas Böses unter<u>stell</u>en
Verbindungen aus einem Adjektiv und einem Verb	
Verbindungen aus einem Verb und einem vorangestellten Adjektiv werden zusammengeschrieben, wenn bei dieser Verbindung eine neue Bedeutung entsteht.	• den Angeklagten freisprechen, sich kranklachen, etwas richtigstellen, den Papst heiligsprechen, schwerfallen, etwas kürzertreten
Verbindungen aus einem Verb und einem vorangestellten einfachen Adjektiv können sowohl zusammen- als auch getrennt geschrieben werden, wenn das Adjektiv ein Ergebnis des im Verb ausgedrückten Vorgangs bezeichnet.	• leer essen/leeressen, kaputt machen/kaputtmachen, klein schneiden/kleinschneiden, fett drucken/fettdrucken

Verbindungen aus einem Nomen/Substantiv und einem Verb

Verbindungen aus einem Nomen/Substantiv und einem Verb werden in der Regel getrennt geschrieben.	• Ski laufen, Rad fahren, Urlaub machen, Silben trennen
Verbindungen aus einem Nomen/Substantiv und einem Verb können getrennt oder zusammengeschrieben werden, wenn sie wie ein Adjektiv gebraucht werden.	• die Rad fahrende Bevölkerung/ die radfahrende Bevölkerung • Dieser Stoff ist Krebs erzeugend/ krebserzeugend.
Verbindungen aus einem ehemaligen Nomen/Substantiv und einem Verb werden zusammengeschrieben, wenn das Nomen/Substantiv seine eigenständige Bedeutung verloren hat.	• eislaufen, kopfstehen, leidtun, heimkehren, nottun, standhalten, stattfinden, teilhaben, teilnehmen • Wenn es dir leidtut, dann entschuldige dich. **aber:** Er hat ihm großes Leid angetan.
In einigen Fällen ist es freigestellt, ob Verbindungen aus einem Nomen/Substantiv und einem Verb getrennt oder zusammengeschrieben werden.	• Acht geben/achtgeben, Halt machen/haltmachen, Maß halten/maßhalten, Staub saugen/staubsaugen

Verbindungen aus zwei Verben

Verbindungen aus zwei Verben werden in der Regel getrennt geschrieben.	• laufen lernen, schwimmen gehen, sprechen lernen, auf einer Bank sitzen bleiben
Zusammenschreibung von zwei Verben ist dann möglich, wenn der zweite Bestandteil aus den Verben *bleiben* und *lassen* besteht und eine übertragene Bedeutung entsteht. Auch die Schreibweise von *kennen lernen/kennenlernen* ist freigestellt.	• in der Schule sitzen bleiben/ sitzenbleiben, jemanden links liegen lassen/liegenlassen • Im Urlaub habe ich einen Olympiasieger kennen gelernt/ kennengelernt.

Verbindungen mit dem Hilfsverb sein

Verbindungen mit dem Hilfsverb *sein* werden in allen Formen getrennt geschrieben.	• Morgen um diese Zeit will ich wieder zurück sein. • Er ist bereits da gewesen.

Verbindungen mit einem Adjektiv oder Partizip als zweitem Bestandteil

Verkürzte Wortgruppen

Kann der erste Bestandteil einer Verbindung mit einem Adjektiv oder Partizip durch eine Wortgruppe umschrieben werden, wird zusammengeschrieben.	• Der Staub lag fingerdick (einen Finger dick) auf dem Regal. • Anna ist ein sportbegeistertes (vom Sport begeistertes) Mädchen. • knielang, selbstsicher, jahrelang, freudestrahlend, redegewandt, denkfaul …

Verbindungen mit Bestandteilen, die nicht alleine vorkommen

Kann ein Bestandteil einer Verbindung mit einem Adjektiv oder Partizip nicht allein stehen, wird zusammengeschrieben.	• blauäugig, schwerstverletzt, letztmalig, großspurig, kleinmütig • ein schwerwiegenderer Vorwurf, die zeitsparendste Lösung

Verbindungen aus gleichrangigen Adjektiven

Verbindungen aus gleichrangigen Adjektiven werden zusammengeschrieben.	• Bei nasskaltem Wetter sollte man zu Hause bleiben. • Die Bodenfliese hat einen gelbgrünen Farbton.

Verbindungen mit bedeutungsverstärkenden Bestandteilen

Ist der erste Bestandteil einer Verbindung mit einem Adjektiv bedeutungsverstärkend oder -abschwächend, wird zusammengeschrieben.	• Die Mittelstürmerin ist heute wieder superbeweglich und brandgefährlich. • bitterböse, dunkelgrau, erzkonservativ, lauwarm, stocksauer, supermüde, todtraurig, uralt

Partizipien aus zusammengesetzten Verben

Partizipien, die aus zusammengesetzten Verben gebildet sind, werden zusammengeschrieben.	• Hugo zog schlafwandelnd (schlafwandeln) durch die Jugendherberge. • Heute haben wir viel ferngesehen (fernsehen).

Weitere Regeln zur Verbindung mit einem Partizip

In einigen Fällen kann eine Verbindung mit einem Partizip sowohl als Zusammensetzung als auch als Wortgruppe angesehen werden. Hier ist die Schreibweise freigestellt. Dieses ist dann der Fall, wenn die Verbindung adjektivisch (z. B. als Attribut) gebraucht wird.	• die Bus fahrenden/busfahrenden Schüler • eine allein erziehende/alleinerziehende Mutter • eine klein geschnittene/kleingeschnittene Möhre • ein selbst gebackener/selbstgebackener Kuchen

Freigestellt ist die Schreibweise in einigen Fällen auch, wenn dem Partizip (oder Adjektiv) ein einfaches Adjektiv vorangestellt ist, das die Bedeutung verstärkt oder abschwächt bzw. eine Abstufung beinhaltet.	• eine allgemein gültige/ allgemeingültige Aussage • eine schwer verständliche/ schwerverständliche Rede • ein hoch qualifizierter/hochqualifizierter Mitarbeiter • eine schwer kranke/schwerkranke Frau
Ist der erste Bestandteil jedoch gesteigert oder erweitert, wird getrennt geschrieben.	• eine sehr schwer verständliche Rede • ein höher qualifizierter Mitarbeiter
Verbindungen der Partikel **nicht** mit einem Adjektiv können getrennt oder zusammengeschrieben werden.	• eine nicht öffentliche/nichtöffentliche Sitzung

Zusammen oder getrennt? – Weitere Wortarten

Verbindungen mit dem Bestandteil irgend-	
Verbindungen mit dem Bestandteil **irgend-** werden in der Regel zusammengeschrieben.	• irgendjemand, irgendeiner, irgendetwas, irgendwo, irgendwann ... **aber:** irgend so einer, irgend so etwas
Adverbial gebrauchte Verbindungen	
Mehrteilige Adverbien werden zusammengeschrieben, wenn die Wortart, die Wortform oder die Bedeutung der einzelnen Bestandteile nicht mehr deutlich erkennbar ist.	• bergab, kopfüber, infolgedessen, umständehalber, diesmal, keinmal, allerorten, seitwärts, bisweilen, probeweise, jederzeit, zurzeit, nichtsdestoweniger
In einigen Fällen ist es freigestellt, adverbial gebrauchte Verbindungen getrennt oder zusammenzuschreiben.	• außerstande sein/außer Stande sein, infrage stellen/in Frage stellen, zugrunde gehen/zu Grunde gehen, zuhause bleiben/zu Hause bleiben, zuleide tun/zu Leide tun, zumute sein/zu Mute sein, zurande kommen/zu Rande kommen, zuschulden kommen lassen/zu Schulden kommen lassen, zustande bringen/zu Stande bringen ...

Ist die Wortart, Wortform oder die Bedeutung der Bestandteile solcher adverbial gebrauchter Ausdrücke deutlich erkennbar, wird getrennt geschrieben.	• zu Ende gehen, zu Fuß kommen, zu Hilfe kommen, zu Wasser und zu Lande, zu Schaden kommen
Mehrteilige Präpositionen	
Mehrteilige Präpositionen werden zusammengeschrieben, wenn die einzelnen Bestandteile ihre eigene Bedeutung verloren haben.	• inmitten von, infolge von, anhand der, anstatt des ...
In einigen Fällen ist die Schreibweise mehrteiliger präpositionaler Ausdrücke freigestellt.	• anstelle/an Stelle, aufgrund/auf Grund, aufseiten/auf Seiten, mithilfe/mit Hilfe, vonseiten/von Seiten, zugunsten/zu Gunsten, zulasten/zu Lasten, zuungunsten/zu Ungunsten
Verbindungen mit den Bestandteilen gar und überhaupt	
Verbindungen mit den Partikeln **gar** und **überhaupt** werden getrennt geschrieben.	• gar nicht, gar nichts, gar kein, gar sehr, gar wohl • überhaupt nicht
Verbindungen mit den Partikeln so, zu, wie	
Verbindungen der Partikeln **so**, **zu**, **wie** mit unbestimmten Zahlwörtern oder Adjektiven werden getrennt geschrieben.	• so viele Bonbons, so weit kommen, zu viele Spieler, wie viel Arbeit, wie viele Schülerinnen, zu weit gehen
Konjunktionen mit der Partikel **so** werden zusammengeschrieben.	• Soweit ich weiß, treffen wir uns um 14.00 Uhr. • Ich komme, sobald es geht. • Ruf an, sooft du kannst.
Die Partikel zu in Verbindung mit Verben	
Getrennt geschrieben wird, wenn die Partikel **zu** vor einem einfachen Verb im Infinitiv steht.	• Marie versuchte, laut zu rufen, aber ihr versagte die Stimme.
Handelt es sich um ein zusammengesetztes Verb, steht in Infinitivgruppen die Partikel **zu** meistens zwischen den beiden Bestandteilen des Verbs. In diesem Fall wird zusammengeschrieben.	• Sie hatte die Aufgabe, den Brief wegzubringen. (Infinitiv: wegbringen) • Die Richterin hatte nicht die Absicht, den Angeklagten freizusprechen. (Infinitiv: freisprechen)
In einigen Fällen wird die Partikel **zu** getrennt von einem zusammengesetzten Verb geschrieben. Dies ist dann der Fall, wenn der vom Verb gebildete Teil deutlich betont ist.	• Die Polizei rät, die Unfallstelle weiträumig zu umfahren. (Infinitiv: umfahren) • Er verspricht, ihr die wertvolle Münzsammlung zu überlassen. (Infinitiv: überlassen)

Der Bindestrich

> **REGEL**
> Der Bindestrich dient vor allem dazu, die einzelnen Bestandteile von Zusammensetzungen für den Leser/die Leserin deutlicher als bei der Zusammenschreibung hervorzuheben und gleichzeitig zu verknüpfen.

Im Einzelnen gelten folgende Regelungen:

1. Einen Bindestrich setzt man in Zusammensetzungen mit Einzelbuchstaben, Abkürzungen oder Ziffern.

   Beispiel C-Dur, T-Shirt, y-Achse, x-beliebig, Dehnungs-h (Einzelbuchstaben)
   LKW-Ladung, Handball-EM, ICE-Zuschlag, Dipl.-Ing. (Abkürzungen)
   der 8-Jährige, 14-jährig, 100-prozentig, 3-silbig, 6-Zylinder, 2-kg-Packung (Ziffern)

   Achtung: die 68er, der GEWler, ein 18tel, 100%ig
   die 68er-Bewegung, der GEWler-Protest, eine 20er-Gruppe, in den 60er-Jahren (auch: in den 60er Jahren)

2. In Zusammensetzungen (Aneinanderreihungen), die wie ein Nomen/Substantiv gebraucht werden, steht häufig ein Bindestrich. Das gilt vor allem bei mehrteiligen Infinitiven, die als Nomen/Substantiv gebraucht werden.

   Beispiel Das Entweder-oder, das Sowohl-als-auch, das Walkie-Talkie, das Make-up, das In-die-Wege-Leiten, das In-Kraft-Treten, das Von-der-Hand-in-den-Mund-Leben

   Achtung: das Fahrradfahren, das Skilaufen, das Feuerschlucken

3. Enthält eine Zusammensetzung (Aneinanderreihung) bereits einen Bestandteil, der mit Bindestrich geschrieben wird, steht zwischen allen weiteren Teilen ebenfalls ein Bindestrich.

   Beispiel C-Dur-Tonleiter, 20-Cent-Briefmarke, 6-Zylinder-Motor, Hals-Nasen-Ohren-Klinik, Richard-Wagner-Straße, Ad-hoc-Entscheidung

4. Unübersichtliche Zusammensetzungen aus gleichrangigen Adjektiven erhalten einen Bindestrich

   Beispiel die deutsch-amerikanischen Handelsbeziehungen
   ein französisch-deutsches Wörterbuch
   physikalisch-biologisch-chemische Verfahren

Achtung: Zweiteilige Farbzusammensetzungen werden in der Regel nicht mit Bindestrich geschrieben.

Beispiel   *das schwarzgelbe Trikot, die schwarzweiße Kuh*

5. In Zusammensetzungen, die einen oder mehrere Eigennamen haben, steht sehr oft ein Bindestrich.

Beispiel   *Isabell Flügel-Kirchhoff, Eva-Christina Müller, Foto-Schulze, Möbel-Ruhe, Nordrhein-Westfalen, Sachsen-Anhalt, Pelizaeus-Gymnasium, Friedrich-Schiller-Allee, Kafka-Gesamtausgabe*

Achtung: In Ortsbezeichnungen mit Sankt oder Bad steht kein Bindestrich.

Beispiel   *Sankt Augustin, Bad Lippspringe*

Ü 198 Suche zu jedem Ausdruck in der linken Spalte jeweils den passenden aus der rechten Spalte und schreibe die Zusammensetzung mit Bindestrich auf.

d	Vorpommern
LKW	Moll
18	Josef
Ultraschall	WM
PKW	Versicherung
D	Messgerät
12	Dollar-Schein
Papp	Zug
x	Achse
Goethe	Allee
10	Fahrer
Eiskunstlauf	Zylinder-Motor
Franz	jährig
Mecklenburg	Plakat

In einigen Fällen kann ein Bindestrich gesetzt werden.

1. Zur Hervorhebung bestimmter Bestandteile einer Zusammensetzung

   Beispiel *die Ich-Erzählung (die Icherzählung), die Er-Perspektive (die Erperspektive), der Vor-Denker (der Vordenker), die Hoch-Zeit (Hochzeit) des Barock, die Brecht-Ausgabe (Brechtausgabe)*

2. Zur Vermeidung von Missverständnissen

   Beispiel *das Musik-Erleben – das Musiker-Leben*
   das Druck-Erzeugnis – das Drucker-Zeugnis

3. Zur besseren Lesbarkeit von Zusammensetzungen, in denen drei Vokale oder Konsonanten aufeinandertreffen.

   Beispiel *Kaffeeexport – Kaffee-Export*
   Alleeeinfassung – Allee-Einfassung
   Betttuch – Bett-Tuch

4. Zur besseren Lesbarkeit von unübersichtlichen Zusammensetzungen

   Beispiel *Lottoannahmestelle – Lotto-Annahmestelle*
   Ultraschallmessgerät – Ultraschall-Messgerät
   Arbeiterunfallversicherungsgesetz – Arbeiter-Unfallversicherungsgesetz

5. Bei vielen Zusammensetzungen aus anderen Sprachen, vor allem aus dem Englischen, kann ein Bindestrich gesetzt werden.

   Beispiel *Smartphonedisplay – Smartphone-Display*
   Midlifecrisis – Midlife-Crisis
   Sciencefiction – Science-Fiction

6. Werden aus dem Englischen stammende Verbindungen aus einem Verb und einem Adverb als Nomen/Substantiv gebraucht, wird in der Regel mit Bindestrich geschrieben. Es kann jedoch auch zusammengeschrieben werden, wenn die Lesbarkeit nicht behindert wird.

   Beispiel *der Knock-out – der Knockout*
   das Stand-by – das Standby
   der Count-down – der Countdown

Worttrennung am Zeilenende

REGEL
Wörter können am Zeilenende nach Silben getrennt werden, die sich bei langsamem Sprechen ergeben. Ein einzelner Vokal am Wortanfang oder -ende wird nicht abgetrennt. Das gilt auch für die Teile von zusammengesetzten Wörtern (*Heizofen*). Ein Doppellaut (au, äu, eu, ei) kann abgetrennt werden (*Au-to*).

Beispiel *Un-ter-tas-se, Ofen-rohr, lau-fen, Kä-se-ku-chen, vi-o-lett, Fa-mi-lie, na-ti-o-nal, Eu-le*

Ü 199 Schreibe die folgenden Wörter wie in dem Beispiel nach Sprechsilben getrennt neu auf.

Rosenstrauch – Ro-sen-strauch
Himmelbett – _____
untersuchen – _____
Passbild – _____
flussaufwärts – _____
Unterwasserkamera – _____
glasig – _____
entbehren – _____
dagegenhalten – _____
Bildungspolitik – _____
Feierabend – _____

Aus der Grundregel, dass nach Sprechsilben getrennt wird, ergeben sich noch folgende, gesondert zu beschreibende Regelungen:

REGEL
Steht in einfachen (nicht zusammengesetzten) deutschen Wörtern zwischen zwei Vokalen ein Konsonant, wird dieser bei der Trennung mit in die folgende Zeile genommen. Stehen mehrere Konsonanten zwischen zwei Vokalen, wird der letzte mit in die neue Zeile genommen.

Beispiel *rei-ßen, Hau-fen, ru-fen, Se-gel, Ha-fen*
Run-de, lan-den, Kas-se, ras-ten, Rit-ze, knusp-rig, imp-fen, Städ-ter

REGEL
Buchstabenverbindungen, die für einen Konsonanten stehen, werden nicht getrennt. Dazu gehören: **ck, ch, sch, ph, rh, sh** oder **th**.

Beispiel *Zu-cker, ba-cken, ma-chen, Wä-sche, Deut-scher, Ste-phan, Myr-rhe (Myr-re), Goe-the, Fa-shion*

REGEL
In Fremdwörtern können Verbindungen aus einem Konsonanten + l, n oder r getrennt werden oder zusammen mit in die neue Zeile genommen werden. Die Trennung erfolgt in diesem Fall wahlweise entsprechend der zweiten Regel oder nach den Silben, die bei langsamem Sprechen auch entstehen können (vgl. Grundregel).

Beispiel
Zyk-lus oder Zy-klus Hyd-rant oder Hy-drant
Mag-net oder Ma-gnet Feb-ruar oder Fe-bruar
Dip-lom oder Di-plom neut-ral oder neu-tral
Pub-li-kum oder Pu-bli-kum nob-le oder no-ble

REGEL
Zusammengesetzte Wörter und Wörter mit einer Vorsilbe (Präfix) trennt man zwischen den einzelnen Bestandteilen/Wortbausteinen. Das gilt in der Regel auch für Fremdwörter und Eigennamen.

Beispiel *Haus-tür, Frei-tag, Berg-bau, Ver-lust, Vor-sicht, Ab-fuhr, Pro-gramm, Karls-bad, Kon-trast, Syn-the-se*

REGEL
Wenn ein Wort nicht mehr als Zusammensetzung erkannt oder empfunden wird, kann es nach Sprechsilben oder nach den Wortbausteinen getrennt werden. Das gilt auch für einige häufig verwendete Fremdwörter.

Beispiel
hi-nauf oder hin-auf in-te-res-sant oder in-ter-es-sant
he-raus oder her-aus He-li-kop-ter oder He-li-ko-pter
wa-rum oder war-um Chry-san-the-me oder Chrys-an-the-me
da-rum oder dar-um

Ü 200 Schreibe die folgenden Lexikoneinträge in der Spaltenform noch einmal neu auf und trenne dabei die unterstrichenen Wörter oder Wortbestandteile.

Bartenwale
Wale und Delfine sind Säugetiere
wie wir. Sie ernähren ihre Jungen mit
Milch und brauchen Luft zum Atmen.
Um sich im kalten Wasser zu schützen,
haben sie eine dicke Speckschicht („Blubber") unter der Haut. Es gibt zwei Arten von
Walen: Bartenwale und Zahnwale.

Zahnwale
Es gibt 80 Arten von Zahnwalen (zu
denen auch die Delfine zählen). Manche
sind riesig wie ein Pottwal, andere
zierlich wie der nur etwa 1,50 Meter lange
Commerson-Delfin. Zahnwale kommen in
fast allen Arten von Gewässern vor, sogar
in Flüssen.

Meeresdelfine
Delfine sind die kleinsten Mitglieder der Walfamilie. Sie
bevölkern alle Meere. Oft sieht man sie, wenn sie Schiffe
begleiten oder übermütig in die Luft springen. Sie tauchen
nur kurz und kommen alle paar Minuten zum Atmen wieder
an die Oberfläche. Große Tümmler, eine der häufigsten
Delfinarten, können ungefähr 15 Minuten unter Wasser bleiben.
Ähnlich wie Schwertwale werfen sie sich beim Jagen manchmal
auf den Strand und wälzen sich wieder ins Wasser zurück.

Worttrennung am Zeilenende – Überblick

Grundregel: Wörter werden nach Silben getrennt, die sich bei langsamem Sprechen ergeben. Ein einzelner Vokal am Wortanfang oder Wortende wird nicht abgetrennt. Ein Doppellaut (Diphthong: ei, au, eu …) kann abgetrennt werden.	• Kä-fer, kau-fen, Lis-te, Leh-rer-zim-mer, Bil-dungs-po-li-tik, un-ter-su-chen, Fei-er-abend, Ei-sen
Steht in einfachen (nicht zusammengesetzten) deutschen Wörtern zwischen zwei Vokalen ein Konsonant, wird dieser bei der Trennung mit in die folgende Zeile genommen. Stehen mehrere Konsonanten zwischen zwei Vokalen, wird der letzte mit in die neue Zeile genommen.	• Trä-ger, rei-ßen, ru-fen, Tu-be • Run-de, Kas-se, ras-ten, imp-fen, Städ-ter, Emp-fang, knusp-rig
Buchstabenverbindungen, die für einen Konsonanten stehen, werden nicht getrennt. Dazu gehören: ck, ch, sch, ph, rh oder th.	• Zu-cker, ba-cken, Goe-the, Wä-sche
In Fremdwörtern können Verbindungen aus einem Konsonanten + l, n oder r getrennt werden oder zusammen mit in die neue Zeile genommen werden (vgl. die zweite Regel oder die Grundregel).	• Mag-net – Ma-gnet • Pub-li-kum – Pu-bli-kum • Dip-lom – Di-plom • Sak-ra-ment – Sa-kra-ment
Zusammengesetzte Wörter und Wörter mit einer Vorsilbe (Präfix) trennt man in der Regel zwischen den einzelnen Bestandteilen/Wortbausteinen. Das gilt auch für Fremdwörter und Eigennamen.	• Kon-trast, Ver-knüp-fung, Pro-gramm
Wenn ein Wort nicht mehr als Zusammensetzung erkannt oder empfunden wird, kann es nach Sprechsilben oder nach Wortbausteinen getrennt werden. Das gilt auch für einige häufig verwendete Fremdwörter.	• hi-nauf – hin-auf • ei-nan-der – ein-an-der • in-te-res-sant – in-ter-es-sant • Pä-da-go-gik – Päd-a-go-gik

Textquellen

Seite	Lösungen	Text
7	–	In den Polargebieten. Aus: Alles was ich wissen will: Tiere. Ravensburger Buchverlag 2014, S. 67
10	2	Das Skelett. Aus: Steve Parker: Spannendes Wissen über den menschlichen Körper. München: Kaleidoskop Buch im Christian Verlag 2000, S. 46; Übers.: Peter Siemen
15	–	1. Duden. Die deutsche Rechtschreibung. 26., völlig neu bearb. und erw. Auflage. Mannheim, Leipzig, Wien, Zürich: Dudenverlag 2013, S. 625 2. WAHRIG. Die deutsche Rechtschreibung. 8. Auflage. Gütersloh/München: Wissen Media Verlag 2013, S. 756
16	–	Vorreiter der Sprachwissenschaft – Jacob und Wilhelm Grimm. Auszug aus: http://www.wasistwas.de/archiv-sport-kultur-details/die-brueder-grimm-und-das-deutsche-woerterbuch.html
18	5/6	Alligator verursachte Verkehrsstau. Aus: Main Post, 12.7.1994
19	6	Was ist ein Sternbild? Aus: 500 Fragen und Antworten. Ravensburg: Ravensburger Buchverlag Otto Maier GmbH 2004, S. 19; Red.: Sabine Zürn; Übers.: Cornelius Retting
21/22	7	Was sind Fossilien? Aus: 500 Fragen und Antworten. Ravensburg: Ravensburger Buchverlag Otto Maier GmbH 2004, S. 44; Red.: Sabine Zürn; Übers.: Cornelius Retting
22/23	8	Der „Tausend-Wunder-Wald". Aus: Michael Ende: Jim Knopf und Lukas der Lokomotivführer. Stuttgart: Thienemann Verlag 1960, S. 94
24	9	Verrückte Viecher: Die Bola-Spinne. Verf.: Redaktion KinderZEIT, 24.5.2013. Aus: http://blog.zeit.de/kinder-zeit/2013/05/24/verruckte-viecher-50-bola-spinne_14055; Abruf: 4.1.2016
28	10	Ananas. Aus: Bertelsmann Kinderlexikon. Wissen Media Verlag GmbH. Gütersloh/München 2005, S. 20
28	10	Ansteckung. Aus: Bertelsmann Kinderlexikon. Wissen Media Verlag GmbH. Gütersloh/München 2005, S. 21
28	10	Antenne. Aus: Bertelsmann Kinderlexikon. Wissen Media Verlag GmbH. Gütersloh/München 2005, S. 21
28	10	Architekt. Aus: Bertelsmann Kinderlexikon. Wissen Media Verlag GmbH. Gütersloh/München 2005, S. 23
29	10	Arena. Aus: Bertelsmann Kinderlexikon. Wissen Media Verlag GmbH. Gütersloh/München 2005, S. 23

Seite	Lösungen	Text
29	11	Warum tragen Astronauten Schutzanzüge? Aus: Bertelsmann Kinderlexikon. Wissen Media Verlag GmbH. Gütersloh/München 2005, S. 25
30	11	Lummerland. Aus: Michael Ende: Jim Knopf und Lukas der Lokomotivführer. Stuttgart: Thienemann Verlag 1960, S. 3–4
31/32	12	Jagdhund versucht sich als DJ. Dpa-Meldung vom 17.9.2014. Aus: http://www.sueddeutsche.de/panorama/stuss-mit-lustig-gebratene-schweizer-1.2122355-4; Abruf: 5.1.2016
38	15	Joseph Guggenmos: Wenn Riesen niesen. Aus: Hans Joachim Gelberg: Überall und neben dir. Weinheim: Beltz & Gelberg 1986, S. 21
48	19	Die Spuren des Rattenfängers. Aus: Treff Schülerbuch 1992. Seelze: Velbert Verlag 1991, S. 26; leicht geändert
53	22	Wann lebten die Saurier? Aus: 500 Fragen und Antworten. Ravensburg: Ravensburger Buchverlag Otto Maier GmbH 2004, S. 128; Red.: Sabine Zürn; Übers.: Cornelius Retting
54	22/23	Aline König: Die Helgoländer Hausmaus. Aus: http://www.ndr.de/info/sendungen/mikado/helgolaenderhausmaus101.html, 31.5.2013; Abruf: 7.1.2016; gekürzt und leicht verändert
58	24	Auszug aus: Michael Ende: Momo beherrscht eine seltsame Kunst. Aus: Ders.: Momo. K. Thienemanns Verlag, Stuttgart 1973
67	27	In Wüste und Savanne. Aus: Alles was ich wissen will: Tiere. Ravensburger Buchverlag 2014, S. 59
133	44	Bartenwale. Aus: Alles was ich wissen will: Tiere. Ravensburger Buchverlag 2014, S. 138
133	45	Zahnwale. Aus: Alles was ich wissen will: Tiere. Ravensburger Buchverlag 2014, S. 140
133	45	Meeresdelfine. Aus: Alles was ich wissen will: Tiere. Ravensburger Buchverlag 2014, S. 142

Bildquellen

|Domke, Franz-Josef, Hannover: 20, 35. |fotolia.com, New York: Fischer, Christian 75.
|iStockphoto.com, Calgary: alengo 75; design56 75; pawel.gaul 75; RamCreativ 75; rusm 75.

Wir arbeiten sehr sorgfältig daran, für alle verwendeten Abbildungen die Rechteinhaberinnen und Rechteinhaber zu ermitteln. Sollte uns dies im Einzelfall nicht vollständig gelungen sein, werden berechtigte Ansprüche selbstverständlich im Rahmen der üblichen Vereinbarungen abgegolten.